本书得到教育部人文社会科学研究青年基金项目"国企财务总监权力、会计稳健性与融资成本粘性研究"（14YJC790085）的资助，同时感谢河南省第四批普通高等学校人文社会科学重点研究基地培育基地"会计与财务研究中心"提供的支持。

管理者背景特征与会计稳健性研究

刘永丽　著

Guanlizhe Beijing Tezheng Yu
Kuaiji Wenjianxing Yanjiu

中国社会科学出版社

图书在版编目（CIP）数据

管理者背景特征与会计稳健性研究/刘永丽著 . —北京：中国社会科学出版社，2015.4

ISBN 978 - 7 - 5161 - 5907 - 1

Ⅰ. ①管…　Ⅱ. ①刘…　Ⅲ. ①企业管理—研究　Ⅳ. ①F270

中国版本图书馆 CIP 数据核字（2015）第 069700 号

出 版 人	赵剑英
责任编辑	王　曦
责任校对	周晓东
责任印制	戴　宽

出　　版	中国社会科学出版社
社　　址	北京鼓楼西大街甲 158 号
邮　　编	100720
网　　址	http://www.csspw.cn
发 行 部	010 - 84083685
门 市 部	010 - 84029450
经　　销	新华书店及其他书店
印　　刷	北京君升印刷有限公司
装　　订	廊坊市广阳区广增装订厂
版　　次	2015 年 4 月第 1 版
印　　次	2015 年 4 月第 1 次印刷
开　　本	710×1000　1/16
印　　张	10.75
插　　页	2
字　　数	202 千字
定　　价	39.00 元

序

张兆国

刘永丽博士的新著《管理者背景特征与会计稳健性研究》，是她在博士学习阶段潜心研究的结晶，是对她的博士论文及发表系列论文的总结和深化。我作为她的博士生导师，为她的这部著作即将问世而备感欣慰，同时也深深感到这部著作选题的研究难度和作者创作过程的艰辛。

会计稳健性是关于会计盈余确认和计量的一项重要原则。遵循这一原则，既有助于提高企业财务报告的质量，也有助于改善企业治理的效率，还有助于促使企业稳定地发展。正因如此，会计稳健性问题一直颇受学术界的关注，也取得了丰硕的理论成果，但鲜有研究管理者的性别、年龄、学历、职业和任期等背景特征对会计稳健性的影响。然而，在现实中这种影响却是不可忽视的。这是因为，现代企业的一个基本特征就是所有权与控制权相分离，管理者拥有企业的控制权，因此在一定程度上决定管理者行为选择的背景特征无疑会影响会计稳健性。刘永丽博士的新著《管理者背景特征与会计稳健性研究》便是在这方面进行系统研究的一项理论成果。

该著作在系统综述和梳理国内外相关研究成果的基础上，运用高阶梯队理论、委托代理理论、信号传递理论等理论，采用规范分析与实证分析相结合、定性分析与定量分析相结合、技术分析与制度分析相结合等研究方法，结合我国的制度环境，从管理者背景特征的平均水平、异质性和"垂直对"三个层面，全面而深入地研究了管理者的性别、年龄、学历和任期等背景特征对会计稳健性的影响。其创新意义主要表现在：

第一，从管理者背景特征的角度，建立了一种研究会计稳健性问题的理论分析框架，为人们研究这一问题提供了一种新的分析视角和分析思路；

第二，从管理者控制权的角度，研究了会计稳健性中所存在的管理者固定效应，有助于揭示在企业所有权与控制权相分离的情况下，管理者行为选择对会计稳健性的影响机理；

第三，从计量方法的相关性和可靠性两个方面，对会计稳健性的各种计量方法进行了比较研究，有助于正确地选择会计稳健性的计量方法，提高实证研究结果的可靠性。

总之，该著作立意深刻、内容充实、观点正确、剖析深入、逻辑严谨、行文流畅，富有新思想、新观点和新见解，是一部具有较高学术价值和应用价值的著作。这也显示了作者具有深厚的理论功底和独立从事科学研究的能力。

当然，该著作对管理者背景特征如何影响会计稳健性的研究还是一种探索性研究，不尽如人意的地方也在所难免。我希望刘永丽博士今后在这方面做更加深入的研究，取得更多高质量的科研成果。

2015 年春于武汉

（作者系华中科技大学管理学院会计系原主任、二级教授、博士生导师，《财会通讯》杂志社主编、中国理工科高校会计学会副会长、湖北省会计学会副会长、湖北中央企业会计学会副会长）

目　　录

第一章 绪论

第一节 问题提出与研究意义

一 问题提出

会计稳健性是关于会计盈余确认和计量的一项重要原则，有关会计准则制定组织和会计学术界都对此提出了诸多不同的解释。Bliss（1924）将稳健性定义为，确认所有的预期损失而不确认任何预期收益，确认收益必须是在法律意义上存在证据。美国会计原则委员会（APB，1970）认为，管理者等为了解决计量过程中的小偏误，都倾向于低估资产和利润，从而导致了会计稳健性。美国财务会计准则委员会（FASB，1980）认为，稳健性是在面临不确定时谨慎的反应，以确保企业充分考虑了生产经营中固有的不确定性和风险。国际会计准则委员会（IASB，1989）认为，如果存在不确定因素需要估计，就需要在判断过程中加入一定程度的谨慎，不少计负债或费用，也不多计资产或收益，这就是稳健性的体现。Basu（1997）对会计稳健性提出了一个描述性定义，即在财务报告中确认"好消息"（收益）比"坏消息"（损失）需要更多的保证。该定义反映了会计稳健性对收益和损失的非对称性处理。IASB（2001）将稳健性定义为，在不确定条件下进行估计和判断时必要的小心，如资产或收益不被高估，负债或费用不被低估。在以上关于会计稳健性分析的基础上，Ball 和 Shivakumar（2005）、Beaver 和 Ryan（2005）将会计稳健性分为两类：一类是条件稳健性，也称损益表稳健性、消息依赖稳健性或事后稳健性，它源于 Basu（1997）的稳健性定义，指的是盈余反映坏消息比反映好消息更快，如存货计价的成本和可变现净值孰低法、资产减值准备等就属于此类稳健性；另一类是无条件稳健性，也称资产负债表稳健性、独立于消息稳健性或事前稳健性，它建立在 Feltham 和 Ohlson（1995）关于稳健性定义的基础上，指的是一个总体偏见，与当期消息没有关系，而倾向于通过加快费用或推迟收入确认来低估权益账面价值，如无形资产开发成本立即费用化、固定资产加速折旧等就属于这类稳健性。两者的区别主要在于，前者给企业管理者留下了更多的选择空间，是一种原则性导向，而后者则是会计准则强加规定的，不给企业管理者留下更多的选择空间，是一种规则性导向。这种区别就使得财务报告使用者对条件稳健性产生的偏差更加难以识别和纠正，因此也备受关注。所以，目前学术界的研究主要是条件稳健性。

会计稳健性在市场经济中有着十分重要的作用。首先，会计稳健性是财务报告的一个重要质量特征，对会计理论和实务有着深远而重要的影响，Basu（1997）认为这种影响至少有 500 年以上的历史；其次，会计稳健性是一种有效的企业治理机制（Ball et al.，2000），它有助于解决信息不对称问题，抑制管理者的机会主义行为，保护投资者权益（姜国华和张然，2007；曲晓辉和邱月华，2007）；最后，会计稳健性是企业稳定发展的重要保证，正如何里·德赫斯（1998）的研究所表明的，世界上几乎所有的长寿公司都是选择比较稳健的会计政策。正因如此，会计稳健性在许多国家都普遍存在，而且近 30 年来有逐步加强的趋势（Watts，2003），同时也颇受学术界的关注。学术界对会计稳健性的研究主要集中在会计稳健性的计量方法、影响因素和经济后果等方面，并取得了许多创造性的理论成果。

目前，学术界关于会计稳健性的计量方法主要有：盈余—股票报酬计量法（Basu，1997）；盈余持续性计量法（Basu，1997）；多期间累积的盈余—股票报酬计量法（Roychowdury and Watts，2007）；应计—现金流计量法（Ball and Shivakumar，2005）；净资产账面与市场价值比例法（Beaver and Ryan，2000）；负累积应计项目计量法（Givoly and Hayn，2000）。在这些方法中孰优孰劣以及如何加以合理地应用？如果不能很好地解决这一问题，就难以得出有效的实证研究结果。然而，目前还没有相关文献专门对会计稳健性的计量方法进行比较。因此，本书特提出以下问题：

问题一：如何正确地选择计量会计稳健性的方法，以保证实证研究结果的可靠性？

此外，关于会计稳健性的影响因素，现有文献表明，公司契约尤其是融资契约（Watts，2003；Ball et al.，2006；姜国华和张然，2007）、法律诉讼（Huijgen and Lubberink，2005；Bushman and Piotroski，2006）、政府管制（Gassen and Fulbier，2006；Mayer et al.，2006；曲晓辉和邱月华，2007）、税收政策（Ross and Westerfield，2004）、公司治理（Beekes et al.，2004；Lara et al.，2005；陈胜蓝和魏明海，2007）、公司特征（Easton and Pae，2004；孙铮等，2005；刘运国等，2010）、政治关系（杜兴强等，2009）、经济发展水平（Holthausen，2003；Klein and Marquardt，2006；朱松和夏冬林，2009）等因素都会影响会计稳健性。根据以上相关研究可以发现现有文献大多是从契约、法律诉讼、政府管制和公司治理等方面研究对会计稳健性的影响，很少有文献研究管理者的固定效应对会计稳健性的影响。然而 Titman 和 Wessels（1988）、Smith 和 Watts（1992）以及 Bradley 等（1984）的研究发现，将时间、行业和企业因素控制后，还有很多无法解释的因素影响着企业行为。Hambrick 和 Mason（1984）提出的高阶管理理论认为，管理者的团队特征（年龄、任期、职业、教育背景等方面）影响着管理者的行为。Bertrand 和 Scholar（2003）研究表明，企业决策在很大程度上受制于管理者固定效应，而管理者固定效应又取决于企业投资、融资以及组织活动的异质性。Ge 等（2009）的研究表明，管理者的个人背景特征显著影响公司操作性应计、资产负债表外项目以及保守等会计行为。Bamber 等（2010）的研究发现，管理者固定效应会影响公司财务报告的自愿披露行为。Dyren 等（2010）的研究发现，管理者固定效应会影响公司的避税行为。Kachelmeier（2010）认为，在企业中是人制定决策而不是公司作出决策，因此相关决策都打上了参与人特征的烙印，会计研究应重视人的特征。会计稳健性是会计信息质量的一个衡量指标，而会计信息质量直接影响到以公司经营业绩为基础的各利益相关者（特别是管理者）的行为。因此管理者固定效应也应该会对企业的会计稳健性产生影响，但现有文献对此缺乏深入研究。

因此，基于以上分析，本书特提出以下问题：

问题二：在会计稳健性中是否存在管理者固定效应？

Hambrick 和 Mason（1984）提出的"高阶理论"认为，高层管理团队的性别、年龄、学历、工作经历等人口统计特征，能够在一定程度上反映认知、价值观、损失规避等心理特征，这种不同的人口统计特征以及作用过程，会进一步影响到组织的战略选择与绩效。高阶理论关于管理者团队背景特征的研究主要集中在两个方面：一是管理者团队背景特征的平均水平；二是管理者背景特征的异质性。高阶理论关注的重点一般着重于管理者背景特征对企业业绩和企业战略的影响。相关研究表明，不同背景特征的管理者具有不同的行为选择，进而对企业的战略选择和业绩水平产生不同的影响。例如，女性或年龄越大的管理者更倾向于选择较保守的企业战略（Tihanyi et al.，2000；Peng and Wei，2007）；年轻或学历越高的管理者具有更强的适应能力和创新精神，进而更容易改变企业战略（Wiersema and Bantel，1992；Camelo-Ordaz et al.，2005）；具有国际化经历的管理者更倾向于国际合作，实施国际化战略（Carpenter et al.，2004）；管理者的教育水平、平均年龄与过度投资之间存在显著的相关性（姜付秀等，2009）；管理者背景特征对企业的避税水平有着显著的影响（Dyreng et al.，2010）；管理者的性别、年龄、学历、任期和工作经历等背景特征均与企业业绩存在显著的相关性（Amason and Sapienza，1996；Boone et al.，2004；魏立群和王智慧，2002）。总之，在企业行为及业绩方面都会深深地打上管理者背景特征的烙印。但是，现有文献很少问及管理者背景特征对会计稳健性的影响。然而，在现实中这种影响却是不可忽视的。现代企业的一个基本特征就是所有权与控制权相分离，管理者拥有企业控制权。因此，管理者对企业行为及业绩便有着决定性的影响。而这种影响首先表现在会计行为方面，因为会计信息作为一种通用的"商业语言"，是企业决策以及企业与各利益相关者之间是否签订契约、是否执行契约、是否修订契约的重要依据（Liberty and Zimmerman，1986；Schipper，1989）。在会计政策选择的过程中，管理者可能从自身利益出发选择有利于自己而不利于各利益相关者或企业的会计政策，从而影响会计稳健性。不过，管理者对会计稳健性的影响对于不同性别、年龄、学历、教育背景和任期等背景特征的管理者而言却可能存在较大的差异。人们之所以关注管理者背景特征对企业行为及业绩的影响，是因为在现实中管理者并非总是理性的，其行为选择要受到个人的过度自信、"嫉妒"心理、"损失规避"心理、短视行为和实证偏见等心理偏差的影响，而这些心理偏差与个人的背景特征紧密相连（Daniel，2000；Fraser and Greene，2006）。

管理者"垂直对"是指公司中上司和下属在职位层级上的差异。高阶理论并未涉及这部分的内容。个体在组织中的正式角色由职位决定，因此职位高低对组织中的个体互动起着关键作用（Brew and David，2004）。其理论基础是相似吸引范式，认为人与人之间交往是源于人际吸引，而人际吸引的重要诱因是相似性。Tusi 和 O'Reilly（1989）研究发现，上下级人口特征的差异与下属对上司的个人吸引力负相关，与下属的角色模糊性正相关。Farh 等（1998）研究发现，如果上司有较好的教育背景，则下属就会获得较高的信任。Hofstede（2001）研究表明，职位层级差异的作用受到特定社会中权力距离的影响。Tusi 等（2002）研究发现，年轻上司和年长下属之间的"垂直对"在任务业绩、盈利能力和发展经验等方面都较差。Wong（2004）的研究表明，高管团队与董事长的人口特征差异，如年龄差异、性别差异、任期差异以及学历差异等会影响企业的战略决策，并且对企业并购会产生直接影响。Loi 和 Ngo（2009）研究发现，上司和下属的性别和任期的差异对组织产出变量有负向影响。张龙和刘洪（2009）研究发现，中国上市公司管理者团队中"垂直对"人口特征差异会对管理者离职差异产生影响。何威风和刘启亮（2010）研究发现，性别"垂直对"越大，则会计政策越保守，企业发生财务重述的可能性就越小。根据以上相关研究文献可知，现有文献很少问及管理者"垂直对"特征对会计稳健性的影响。然而，管理者之间职位的差异决定了管理者在企业中拥有不同的权力，而目前中国上市公司的治理结构普遍不是特别完善，因此，管理者会基于某些目的，利用权力差异将个人的偏好强加到下属的决策行为中，从而制约下属在行为决策上主观能动性的发挥，而这一特点同样会影响到会计行为方面。因此，在中国特有的制度背景下考虑管理者"垂直对"特征对会计稳健性的影响，将更有助于会计稳健性的政策解释能力。

因此，基于以上分析，本书特提出以下问题：

问题三：管理者团队背景特征，即管理者团队的平均水平、异质性和"垂直对"会对会计稳健性产生怎样的影响？

目前，关于管理者背景特征对公司行为研究的文献，大部分都是集中在管理者团队的背景特征方面，而很少进一步分析在团队中占有核心决策权力的个人背景特征对公司行为的影响，而团队目标和决策的实现更多地取决于团队中个体行为的加总，因此，进一步考虑团队中某个重要个体特征对公司行为的影响，更能有利于促进团队目标的实现和提高公司的决策能力。在我国上市公司中，董事长是公司的法人代表，其地位最高，影响最大；财务总监（或总会计师）是主管公司会计工作的高管人员，对公司会计政策的选择有着直接影响。因此，基于以上分析，本书特提出以下问题：

问题四：管理者个人背景特征会对会计稳健性产生怎样的影响？

在我国，上市公司又根据产权性质的不同分为国有上市公司和非国有上市公司。大量研究表明，这两类不同产权性质的上市公司在许多方面都存在差异，如徐莉萍等（2006）、张兆国等（2008）、姜付秀等（2009）研究发现，国有和非国有上市公司在代理问题上存在较大的差异。因此，基于以上分析，本书特提出以下问题：

问题五：在不同产权性质公司中管理者的背景特征对会计稳健性的影响是否存在差异？

为解决以上问题，本书以深沪两市 A 股上市公司 2007—2010 年的数据为研究样本，以高阶理论为基础，首先从相关性和可靠性两个方面比较分析了计量会计稳健性的六种计量方法，为后边实证研究提供基础；然后从管理者固定效应的角度总体判断了管理者背景特征是否会对会计稳健性产生影响；最后分别考察了管理者团队背景特征的平均水平（平均性别、平均年龄、平均学历和平均任期）、管理者团队背景特征的异质性（性别异质性、年龄异质性、学历异质性和任期异质性）、管理者团队—董事长"垂直对"特征（性别、年龄、学历和任期）以及董事长—财务总监"垂直对"特征（性别、年龄、学历和任期）、董事长背景特征（性别、年龄、学历、教育背景和任期）、财务总监背景特征（性别、年龄、学历、教育背景和任期）对会计稳健性的影响，并且在考察过程中又区分了公司的产权性质，即分别考察了上述管理者背景特征对国有和非国有上市公司的影响。本书的实证结果对拓展研究会计稳健性的视野，深化我国企业产权制度改革，加强管理者团队建设以及完善会计监管制度都具有一定的借鉴意义。

二 研究意义

本书对该选题进行研究的目的主要在于，试图以高阶理论为基础，建立研究管理者背景特征影响会计稳健性的理论和实证分析体系，为研究会计稳健性问题提供一种新的分析视角。为此，本书将力求在以下几个方面有积极的意义和作用：

1. 将有助于拓展会计稳健性的研究视角。以往没有从管理者背景特征的角度来研究会计稳健性的问题。现代企业的一个基本特征就是所有权与控制权相分离，管理者拥有企业控制权并对企业行为有着决定性的影响，而这种影响首先会表现在会计行为方面，因为会计信息是企业决策以及企业与各利益相关者之间是否签订契约、是否执行契约、是否修订契约的重要依据。因此，从管理者背景特征的角度研究会计稳健性的问题，将有助于进一步深化对会计稳健性问题的研究。

2. 将有助于丰富高阶理论研究的内容。以往针对高阶理论的研究，主要集中在对公司战略和企业业绩方面的研究，而很少涉及对会计政策选择及会计信息质量等领域的研究。本书的研究将有助于丰富高阶理论研究的内容，也是对高阶理论发展的一个新贡献。

3. 将有助于加强管理者团队建设和完善会计监管。从管理者背景特征这一新视角对会计稳健性问题深入研究，理论联系实际。通过分析管理者的具体背景特征如年龄、性别、学历、任职时间等来分析对会计稳健性的影响，为优化管理者团队提供理论指导，为完善会计监管提供政策依据。

第二节 研究内容与研究思路

一 研究内容

本书在对管理者背景特征影响会计稳健性的研究过程中，以高阶理论和行为经济学为基础，采用"管理者固定效应→管理者团队的背景特征→管理者个人的背景特征→管理者"垂直对"特征"的分析范式对选题进行了合乎逻辑、全面和深入的研究。本书各章的研究内容如下：

第一章"绪论"：简要介绍本书的研究背景，说明本书的研究意义、研究思路和研究方法，点明本书的创新之处等。

第二章"文献综述"：本章将回顾与本书有关的国内外研究文献，并进行评价，为后文研究提供基础。首先，回顾了与管理者背景特征有关的研究，主要包括管理者团队背景特征的平均水平和管理者团队背景特征的异质性影响公司行为的相关文献。其次，回顾了与会计稳健性有关的研究文献，主要包括会计稳健性的定义、存在性研究、影响因素和经济后果等。最后，对相关文献回顾进行了评价并指出本书意欲研究的内容。

第三章"管理者背景特征影响会计稳健性的理论分析"：本章以高阶理论、委托—代理理论、信号传递理论和契约理论等为基础，分析了管理者背景特征影响会计稳健性的理论基点，为后面的实证研究提供了理论基础。

第四章"会计稳健性计量方法的比较与选择"：本章从相关性和可靠性的角度，实证比较分析了计量会计稳健性的几种常用的方法，研究结论为后边实证研究如何正确采用会计稳健性计量方法提供了依据，从而保证实证研究结果的正确性。

第五章"会计稳健性中管理者固定效应的实证研究"：本章主要是解决在会计稳健性的影响因素中，除了时间、行业、公司等影响因素外还有其他无法解释的影响因素，本书将其归结为管理者自身的一些特性。因此，本章以2007—2010年深沪A市的上市公司为样本，通过追踪管理者在不同公司的职位变迁情况考察因管理者自身的特性对公司会计稳健性的影响。本章是基于管理者固定效应的角度，从总体上初步验证管理者背景特征对会计稳健性的影响。

第六章"管理者团队平均水平和异质性影响会计稳健性的实证研究"：本章在理论分析的基础上，以2007—2010年深沪A市的上市公司为样本，实证检验了管理者团队背景特征对会计稳健性的影响。其中，管理者团队背景特征主要选取了管理者团队背景特征的平均水平（平均性别、平均年龄、平均学历和平均任期）和管理者团队背景特征的异质性（性别异质性、年龄异质性、学历异质性和任期异质性）。并且在实证研究中区分了产权性质，分别考察了管理者团队背景特征的平均水平和异质性对国有上市公司和非国有上市公司会计稳健性影响的差异。

第七章"管理者团体'垂直对'影响会计稳健性的实证研究"：本章在理论分析的基础上，以2007—2010年深沪A市的上市公司为样本，实证检验了管理者垂直对特征对会计稳健性的影响。其中，管理者垂直对特征主要选取了管理者团队—董事长"垂直对"特征（性别、年龄、学历和任期）与董事长—财务总监"垂直对"特征（性别、年龄、学历和任期），并且在实证研究中区分了产权性质，分别考察了这两类"垂直对"特征对国有上市公司和非国有上市公司会计稳健性影响的差异。

第八章"管理者个人背景特征影响会计稳健性的实证研究"：本章在理论分析的基础上，以2007—2010年深沪A市的上市公司为样本，实证检验了管理者个人背景特征对会计稳健性的影响。其中，管理者个人背景特征主要选取了董事长的背景特征（性别、年龄、学历、教育背景和任期）与财务总监的背景特征（性别、年龄、学历、教育背景和任期）。并且在实证研究中区分了产权性质，分别考察了董事长和财务总监的背景特征对国有上市公司和非国有上市公司会计稳健性影响的差异。

第九章"结束语"：总结了本书的主要研究结论、政策意义以及今后有待进一步研究的内容。

二 研究思路

本书沿着"理论分析—实证分析—政策建议"的研究路线，采用契约分析法、规范分析法和实证分析法等研究方法，对选题进行了深入研究。

本书研究的总体思路是：

1. 综述国内外相关研究成果，对现有研究进行评价，以便为本书奠定理论基础和提供参照系；

2. 以高阶理论和行为经济学为基础，综合运用契约理论、委托—代理理论和信号传递理论等现代经济学中的最新研究成果，对管理者背景特征对会计稳健性的影响进行理论分析；

3. 从相关性和可靠性方面对会计稳健性的计量方法进行实证检验，为正确采用实证方法提供依据；

4. 在以上分析的基础上，对会计稳健性中的管理者固定效应进行实证检验，这是从总体上判断管理者背景特征对会计稳健性的影响，然后，以"高阶理论"为出发点，实证考察管理者团队背景特征的平均水平、异质性、"垂直对"特征对会计稳健性的影响，接着又进一步考察董事长和财务总监个人背景特征对会计稳健性的影响；

5. 总结全文的研究结论，揭示研究结论的政策意义，指出未来研究的方向。

本书结构图见图 1 – 1。

第三节　创新之处

本书在综述国内外相关研究成果的基础上，着重运用高阶理论和行为经济学理论，采用规范分析、实证分析和契约分析等研究方法，从理论和实证两个方面分析管理者背景特征对会计稳健性的影响，力求在如下几个方面有所创新：

1. 从管理者背景特征的角度建立研究会计稳健性问题的分析框架。以往关于会计稳健性的研究都隐含管理者是同质的、理性的。这显然与现实不符。大量研究表明，不同的管理者具有不同的个人偏好和管理风格，管理者也并非总是理性的，往往存在心理偏差，从而做出非理性决策。所以，运用高阶理论，研究管理者固定效应、管理者团队及个人背景特征

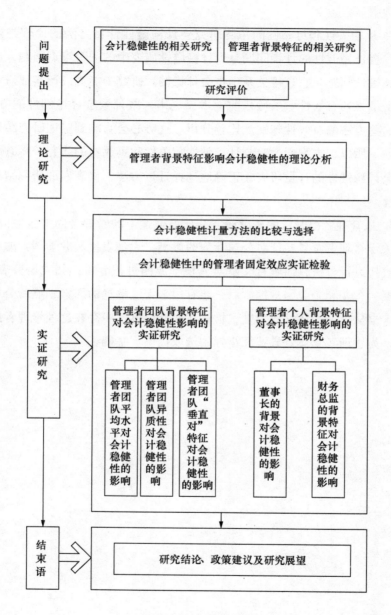

图1-1 本书内容结构图

以及管理者"垂直对"特征对会计稳健性的影响，将有助于拓展研究会计稳健性的视角，揭示会计稳健性的行为动机，从而加深人们对会计稳健性的理解。

2. 从相关性和可靠性的角度研究会计稳健性计量方法的比较与选择问题。会计稳健性的计量问题是会计稳健性研究中的一个难点问题，也是一个关键性问题。它直接关系到在会计稳健性研究中能否进行实证研究以及实证结果的有效性。虽然目前学术界提出一些计量会计稳健性的方法，但对这些方法的有效性却缺乏比较分析。这势必会影响到实证研究结果的有效性。所以，本书通过对会计稳健性相关性和可靠性的研究，将有助于深化会计稳健性的计量研究，正确地选择计量方法，提高实证研究结果的有效性。

3. 从管理者控制权的角度研究会计稳健性中的管理者固定效应问题。以往关于管理者背景特征对公司行为的影响，大都直接选取管理者的具体特征直接进行分析，而鲜有文献对其根本原因进行分析。相关研究表明，将年度、行业和企业因素控制后，还有很多无法解释的因素影响着公司行为。本书从行为经济学的角度，检验在会计稳健性中存在这种管理者固定效应，为管理者具体背景特征指标的选取提供了基础。

第二章　文献综述

第一节　管理者背景特征的研究综述

Hambrick 和 Mason（1984）提出了著名的"高阶理论"。高层管理团队的性别、年龄、学历、工作经历等人口统计特征，能够在一定程度上反映认知、价值观、损失规避等心理特征，这种不同的人口统计特征以及作用过程，会进一步影响到组织的战略选择与绩效。Finkelstein 和 Hambrick（1996）认为可以从团队组成、团队结构和团队过程三个方面来理解高层管理团队。团队组成是指团队成员的年龄、教育水平和职业经验构成等特征；团队结构包括各个成员的角色定位以及这些角色之间的关系、职权结构等；团队过程即高层管理团队的运作过程包括团队成员之间的协调、沟通和冲突等行为。因为团队结构和团队过程的数据或者是信息难以获得，现有的研究主要是围绕高层管理者团队的组成展开的。这方面的研究主要集中在两个方面：一是管理者团队背景特征的平均水平；二是管理者团队背景特征的异质性。

一　管理者团队背景特征的平均水平影响公司行为的研究综述

这个方面的研究主要集中在高管团队的性别、平均年龄等人口背景特征对组织产出的影响，认为这些特征与他们对环境的洞察力密切相关，并最终决定了所采取的战略行动以及组织的绩效。Hambrick 和 Mason（1984）经典的"高阶理论"认为，组织的战略选择和绩效水平在某种程度上取决于企业高层管理人员的管理背景和组成特征，管理者对其情景的最终感知和价值观一起构成了决策选择的基础。Bantel 和 Jackson（1989）

发现，管理者受教育程度越高，对企业战略革新和技术变革的正向影响越显著。Wiersema 和 Bantel（1992）发现，高管学历的高低，会影响到企业的多元化程度和战略变革。Trevino（1986）提出了认知道德发展的六阶段模型，认为随着年龄的增大，人们越来越愿意遵守普遍的伦理原则且这一过程是不可逆的。Daboub 和 Radheed（1995）认为，当管理者年龄越大时，其与更正式化和常规化的决策过程相联系，则不愿意挑战已有的正式或非正式的产业和组织结构，这些将会降低企业从事非法企业行为的可能性；并且管理者的职业经验会影响他们对环境的感知和从事不道德行为的意愿。Fraser 和 Greene（2006）研究表明，管理者根据经验的不断积累和经营过程中反馈的新信息，可以逐渐了解自己经营公司的能力强弱，从而修正决策偏差。Peng 和 Wei（2007）研究发现，男性管理者比女性管理者更容易过度自信和做出错误决策。

魏立群和王智慧（2002）实证研究表明，团队成员的平均年龄越大，公司的绩效越好。赵峥等（2005）理论探讨了建立高层管理团队的时机问题，他们认为，企业应根据所面临问题的难易程度和不确定性水平的高低来确定不同的团队工作模式。刘运国和刘雯（2007）研究表明，R&D 支出同高管任期呈显著正相关关系，高管任期越长的公司，R&D 支出越高，高管是否离任与 R&D 支出呈显著负相关关系。文芳和胡玉明（2008）实证研究表明，高管技术职业经验与其所受教育水平都对公司 R&D 投资强度有显著的正向影响；高管任期对公司 R&D 的影响因高管年龄的不同而有差异，青年组的高管任期与 R&D 投资强度显著正相关，而高龄组的高管任期对 R&D 投资强度有负面影响。陈传明和孙俊华（2008）实证研究发现，企业家的学历越高，企业的多元化程度越强。孙德升（2008）从高阶理论的视角提出了一个高管团队特征与企业社会责任关系的分析框架，认为高层管理者的背景特征能在一定程度上预测企业的社会责任行为，并对主要自变量与企业社会责任之间可能存在的关系进行了考察。姜付秀等（2009）研究表明，管理层的教育水平、管理层平均年龄与过度投资之间存在显著的相关性；董事长个人的背景特征对过度投资的影响主要表现在学历、年龄、教育背景、工作经历上；在进一步区分企业性质后发现，国有控股企业和非国有控股企业背景的管理者（管理层以及董事长）的背景特征对企业过度投资的影响具有一定的差异性。任颋和王峥（2010）研究表明，女性在高管团队中的参与能够提升企业绩效，这种对绩效的提升随着女性高管的人力资本和社会资本的提高而增强。徐经长和王胜海（2010）研究表明，同等条件下，核心高管的平均年龄、平均任职时间与上市公司成长性显著相关，而平均学历与公司成长性的相关性不显著，并且在国有控股公司和非国有控股公司中存在显著差异。

二 管理者团队背景特征的异质性影响公司行为的研究综述

这个研究方向主要是探讨高层管理团队异质性对组织产出的影响。高管团队的异质性是指团队成员间人口背景特征以及重要的认知观念、价值观、经验的差异化程度，包括多个维度，如年龄、团队任期、教育水平和专业、智能经验、文化、性别、国籍等。Athanassion 和 Knight（1999）研究发现，与成员组织任期有关的经验、关系网络影响了其建议的重要程度和效用，任期不同的团队成员能为企业开拓市场提供不同的选择方案，从而企业的国家化战略决策水平越高。Tihanyi 等（2000）研究发现，教育专业异质性越大的高层管理者团队，经验、技能就越丰富，就越能够有效控制企业在国际市场竞争中的风险和不确定性，也更适合带领企业进入新的国外市场。Carpenter 和 Fredrickson（2001）探讨了团队组织任期异质性与企业国际化程度的关系，发现两者存在显著的正相关关系。Richard 和 Shelor（2002）研究发现，TMT 的年龄异质性与资产收益率负相关，支持了社会同一性理论，同时，年龄异质性与销售增长正相关，又支持了信息—决策理论。Michie 等（2002）研究表明，当高管团队的目标认同度高时，团队职业经验的异质性与团队合作和战略决策质量正相关。Adams 和 Ferreia（2009）发现，性别比例的分散有助于董事会监督作用的发挥，提高公司治理效率。

欧阳慧等（2003）认为，管理者的教育程度和任期等的异质性与企业绩效正相关，并随着国家化水平的提高而提高。李先瑞（2008）认为，传统公司治理结构理论上存在一定的局限性，它只注重研究经营者机会主义行为或道德风险行为，而忽视了对所有者机会主义行为的研究。而在我国的上市公司，因股东异质性导致的股东之间利益冲突比较突出，股东的异质性为分析股东之间的利益冲突提供了平台。姚振华和孙海法（2010）认为，高管团队的多项异质性（最高学历、海外学习考察时间、工作经历、每周工作时间、进入方式、团队任期和经营战略偏好等）与行为整合显著负相关。

第二节　会计稳健性的研究综述

会计稳健性，是指财务会计中的稳健原则，也称为审慎原则或谨慎原则，其对于会计理论和实务具有深远的影响。研究会计的稳健性有助于会计准则的制定和证券市场的规范，有助于控制企业的盈余管理以及帮助企业进行优化决策。有关会计稳健性的研究一直是当前研究的热门领域。Watts（1993）最早对会计稳健性开始研究，他认为会计稳健性主要来自会计契约、管制、法律等方面的影响。后续研究主要沿用了他的这一思想。针对会计稳健性的研究，国内外学者主要集中在四个方面：一是会计稳健性的定义；二是会计稳健性的存在性；三是会计稳健性的影响因素；四是会计稳健性的经济后果。

一　会计稳健性的定义

关于会计稳健性的定义，理论界并没有一个统一的说法。

Bliss（1924）将稳健性定义为，确认所有的预期损失而不确认任何预期收益，确认收益必须是在法律意义上存在证据。美国会计原则委员会（APB，1970）认为，管理者等为了解决计量过程中的小偏误，都倾向于低估资产和利润，从而导致了会计稳健性。美国财务会计准则委员会（FASB，1980）认为，稳健性是在面临不确定时谨慎的反应，以确保企业充分考虑了生产经营中固有的不确定性和风险。FASB并不赞成有了充分的证据还不确认收入，以及在还没有必要的证据之前确认损失。如果未来收到或支付的两个估计金额有相同的可能性，谨慎性原则要求使用较乐观的估计数。但是如果两种金额发生的可能性并不相同，谨慎性原则并不意味着一定要抛弃可能性更大的估计数而使用更悲观的估计数。国际会计准则委员会（IASB，1989）认为，如果存在不确定因素需要估计，就需在判断过程加入一定程度的谨慎，不少计负债或费用，也不虚计资产或收益，这就是稳健性的体现。Basu（1997）对会计稳健性提出了一个描述性定义，即在财务报告中确认"好消息"（收益）比"坏消息"（损失）需要更多的保证。该定义反映了会计稳健性对收益和损失的非对称性处理。国际会计准则委员会（IASB，2001）将稳健性定义为，在不确定条件下进行估计和判断时必要的小心，如资产或收益不被高估，负债或费用不被低估。英国会计准则委员会（ASB，1992）将稳健性作为财务报告信息质量特征的要求之一。美国著名会计学家亨得里克森（Hendriksen）在《会计理论》中指出，如果某些经济业务或会计事项的处理方法和程序可以选择，则会计人员应该尽可能选用不虚增利润和夸大所有者权益的方法和程序。

我国在1992年颁布的《企业会计准则》中，要求对应收账款计提坏账准备，这是第一次把谨慎性作为会计核算的基本原则之一。1998年《企业会计准则——收入》要求在境外上市的公司扩大资产减值的计提范围，这就对收入的确认提出了更加严格的要求。1999年这一要求范围扩大，对所有上市公司的应收账款、存货、短期投资和长期投资都要计提坏账准备。2000年《企业会计准则——或有事项》要求对金额能够合理确定、未来发生可能性比较大的或有损失，应计入当期损益，但或有收益不得确认。2006年由财政部颁布的新《企业会计准则——基本准则》第二章第十八条规定：企业对交易或者事项进行会计确认、计量和报告应当保持应有的谨慎，不应高估资产或者收益，低估负债或者费用。葛家澍和杜兴强（2005）在《会计理论》一书中指出，我国财务会计概念框架中评价企业财务报告质量标准应包括财务信息内容的质量和财务报表表述的质量两个部分，而谨慎性作为财务报表表述的一个子质量特征，说明在准则或制度允许选择的前提下，宁可多报可能的损失，也不多报可能的收益。

综上所述，对于会计稳健性的定义可以从以下三个方面理解：①将会计稳健性作为会计盈余确认和计量的一项重要原则；②将会计稳健性作为衡量会计信息质量的一个标准；③将会计稳健性作为企业选择会计政策的一种审慎态度。而在实证研究中，一般都会借鉴Basu（1997）对于稳健性的定义，即在财务报告中确认"好消息"（收益）比"坏消息"（损失）需要更多的保证。该定义反映了会计稳健性对收益和损失的非对称性处理。

现有研究中对稳健性的研究主要集中在两个方面，一类侧重于净资产及净收益被低估；另一类侧重于会计在确认经济信息上的不对称性。Ball和 Shivakumar（2005）将前者称为无条件稳健性，也称为事前稳健性或资产负债表稳健（Giner and Rees，2001；Pope and Walker，1999；Richardon and Tinaikar，2004），不依赖消息的稳健（Chandra er al.，2004）等；将后者称为条件稳健性，也称为事后稳健性或收益表稳健性等。无条件稳健性与条件稳健性的最主要区别在于，无条件稳健性与企业经济信息无关，源于应用 GAAP 或采取减少盈利的会计政策。比如，企业的研究开发费用，无论研发结果如何，都直接计入当期费用。而企业对固定资产计提折旧采用加速折旧法就比直线法稳健，或者是简单地将当期收入推迟到下一期间确认。这些会计处理的一个共同特征就是企业的净资产被低估，与当期经济利得或经济损失无关，一般会导致不可确认的商誉存在，使得股东权益的账面价值低于其市场价值。而条件稳健性以企业经济信息为条件，包含了企业新的经济信息，它意味着当好消息发生时，需要满足较高的验证性后会计才将其确认为收益，而在坏消息发生时，会计确认为损失的可验证性要求较低。即在充分不利环境下将账面价值降低，但在有利环境下并不调高账面价值。比如，对存货采用成本与市价孰低法确认减值准备，只有在存货发生减值（经济损失）时才在会计中确认损失，而在企业存货发生增值（经济利得）时并不在会计中确认利得，从而导致净资产账面价值低于市场价值。无条件稳健性是会计准则强加规定的，并不留给上市公司管理层更多的判断余地，所以是一种规则导向的准则。条件稳健性意味着给予公司的管理层更多的判断空间，是一种原则导向的会计准则。目前学术界一般都是集中在对条件稳健性的研究。

二 会计稳健性的存在性

国内外大量研究表明，会计稳健性广泛存在于不同国度和不同制度背景的上市公司中，并且对会计实务的影响日益增强。

Basu（1997）利用美国 1963—1990 年上市公司的数据证实了稳健性在美国上市公司的存在。Ball 等（2000）研究发现，1992—1998 年无论是按中国会计准则编制的财务报表还是按国际会计准则编制的财务报表都缺乏稳健性。Holthausen 和 Watts（2001）对 1927—1993 年美国公司的会计盈余稳健性进行实证检验，研究发现稳健性在会计准则存在之前就已存在，并且稳健程度在财务会计准则委员会（FASB）成立之后有所加强。Lobo 和 Zhou（2006）研究发现，美国公司会计盈余的稳健性程度在《萨班斯—奥克斯法案》颁布之后有所提高。

李增泉和卢文彬（2003）研究发现，会计盈余对"坏消息"的反应程度比对"好消息"的反应程度大，表明会计盈余在总体稳健的基础上，会计盈余的变化呈现出不对称性，即负的会计盈余变化比正的会计盈余变化具有更大的反转率。李远鹏（2006）研究发现，公司在亏损时会倾向于选择稳健的会计政策，而在盈利时则反之，因此，上市公司表现出来的稳健性并非真实，而是亏损公司"洗大澡"的结果。陈旭东和黄登仕（2006）实证研究发现，会计稳健性在 1998 年之后有逐渐加强的趋势，并且具有明显的行业特征，制造行业企业的会计稳健性要更强。杜兴强和杜颖洁（2010）研究发现，上市公司的条件稳健性在不同的公允价值应用阶段表现不同。在 1998—2000 年的引入阶段，上市公司的会计稳健性不明显，在 2001—2006 年的回避阶段，2001—2005 年表现出了显著的会计稳健性，而 2006 年的会计稳健性表现比较极端，在 2007—2009 年的重新采用阶段，企业的会计稳健性整体上有所波动，公允价值的应用并没有导致会计稳健性的明显下降。肖成民和吕长江（2010）研究发现，我国上市公司的会计年度盈余和其他三种年度盈余都表现出了稳健性特征，这说明我国上市公司的报告盈余具有实质意义上的稳健性，利润操纵行为并未影响会计盈余的稳健性。

三 会计稳健性的影响因素

Watts（1993）认为，稳健性可延迟向股东支付以确保债权人的利益和基于盈余的报酬的支付，因此，对会计稳健性的需求主要来自于报酬契约与债务契约。后来，Watts（2003）根据大量的相关研究成果，将会计稳健性的产生动因归结为四个方面：契约、管制、税收和股东诉讼。他的这一思想已被理论界接受并沿袭其路线进行了相关的研究。

（一）契约方面的相关研究

契约解释了会计稳健性的出现及其普遍影响。对会计盈余施加稳健约束，可以降低由不对称信息、不对称支付和有限责任所导致的道德风险，从而减少由于不完全契约导致的管理层对股东和债权人、控股股东对中小股东、股东对债权人的利益侵占，限制管理层的机会主义行为，减少管理者的判断误差。

Ahmed 等（2002）研究发现，股东和债权人冲突越大，会计稳健性的程度越高，公司债务成本会越低。Fan 和 Wong（2002）发现，东亚地区股权越集中的公司，会计信息的稳健性越差。Ball 和 Shivakumar（2005）研究发现，英国的私有企业没有上市公司稳健，也就是说，公开权益市场比私有市场更需要稳健性，股东更需要稳健的会计信息。Peek 等（2010）研究发现，关系型融资存在于公司上市的前期，债权人对公司的会计稳健性并不是要求很高，因为其已经对公司非常了解。而在上市后，就转化为市场化融资，此时就需要公司具有较高的会计稳健性，因为中小股东更需要稳健的会计信息来保护自身的利益。Ball 等（2007）研究发现，债务市场规模解释了稳健性的国家横截面变动，而权益市场规模对稳健性无显著影响。Valeri（2010）发现证据表明，基于公共债务合同契约的依赖程度与损失确认的及时程度正相关，他还发现优先私人债务的存在减轻了这种关系。

孙铮等（2005）研究发现，债务比重高的企业比债务比重低的企业的会计稳健性要高，并且，债务比重的高低对会计稳健性的影响在国有企业与非国有企业存在着差异。朱凯（2005）研究发现，银行贷款比例的高低影响着不同产权性质公司的稳健性。银行贷款较低时，国有控股上市公司的稳健性要低于民营控股上市公司，银行贷款较高时，这两类公司的会计稳健性不存在显著差异。王毅春和孙林岩（2006）研究表明，银行贷款比例的上升会提高会计信息的稳健性，国有控股的上市公司会计信息的稳健性程度较低。刘舒文和伍中信（2007）提出，稳健主义不仅能抵消管理层的偏差，而且延迟了利润的确认，降低了累计利润和净资产的账面价值，通过约束管理层对自己和其他各方而增加企业的价值，从而提高每个人的福利，从这个意义上讲，稳健主义是一个有效的契约机制。毛新述和戴德明（2008）认为，债务契约和薪酬契约在中国具有与西方普通法国家不同的特点，比如债务资本的主要提供者是银行，公开债务市场的发展比较缓慢，管理层的薪酬高低取决于企业盈余，期权、认股权证等长期激励方式很少，银行债务对企业的约束还比较弱，尤其是国有企业面临的软预算约束。刘运国等（2010）研究表明，对于短期借款比例高和长期借款比例低的公司而言，银行会对其要求更稳健的会计信息，并且这种稳健的会计信息在终极控制人为私有和国有公司之间有所区别。

（二）管制方面的相关研究

会计管制过程实际上是一个政治过程，其行为受相关政治成本的影响。

Pope 和 Walker（1999）比较了美英两国的会计稳健性的差异，研究发现，英国的会计制度允许企业对于非常项目可以自由定义，企业一般会将暂时性项目通过非常项目予以冲销，由此导致非常项目上的稳健性比美国低。Shivakumar 和 Waymire（2002）研究发现，美国铁路部门的会计稳健性在实施强制性的会计制度后有所增强，因此，可以证明会计管制是企业稳健性的影响因素之一。Bushman 和 Piotroski（2006）以 38 个国家 1992—2002 年的数据为依据，研究发现，法律和政治制度越有力，公司的会计稳健性越强。Callen 等（2010）研究发现，在州反收购法案通过后，公司的条件稳健性显著提高，由此判定稳健会计担当了弱化外部管制环境的一种内部管制机制。

从管制角度对会计稳健性的研究，我国主要是集中于会计准则管制。曲晓辉和邱月华（2007）研究表明，上市公司的会计盈余在 1995—1997 年期间，并不具有稳健性，在 1998—2000 年期间，会计盈余的稳健性水平并没有因为《股份有限公司会计制度》的实施得到实质性增强，而在 2001—2004 年期间，会计盈余的稳健性水平因《企业会计制度》的实施得到了显著提升。通过进一步对盈利公司的研究表明，在 2001—2004 年期间，会计盈余显示的稳健性特征并不是真正的稳健性，而是亏损公司"洗大澡"造成的结果，因此单纯转变会计准则并不能够改善会计信息的质量，除非附以相配套的法律和执行机制。黎文靖（2008）研究表明，我国政府部门对证券市场的一系列会计监管措施，能够在一定程度上发挥积极的作用，从而达到缓解会计信息失真和完善市场机制的目的。毛新述和戴德明（2008）认为，在我国，稳健性原则强化的外在制度原因是以盈余为基础的监管和评价制度，内在制度原因应该是提高财务报告的质量。朱松和夏东林（2009）发现，法制建设越好，市场化进度越高，政府干预程度越少，地区经济发展越好，财务报告的稳健性就越强。胡念梅和翁健英（2010）研究表明，只有稳健会计规则增加到一定程度时才会提高上市公司盈余稳健性，部分支持了会计制度与财务报告编制者相互替代的观点。

（三）其他方面的相关研究

Ball 等（2000）研究发现，与普通法系的国家相比，成文法系的国家的会计稳健性更小。Giner 和 Rees（2001）实证检验了稳健性水平在英国、法国和德国的表现，结论显示这三个国家的稳健性水平并无明显的差异。Holthausen（2003）研究发现，宏观经济发展水平显著影响到公司的会计稳健性，公司财务报告的稳健程度加入宏观经济变量后显著下降。Huijgen 和 Lubberink（2005）研究发现，英国公司在美国交叉上市的样本与没有在美国交叉上市的样本比较而言，在美国交叉上市的英国公司的财务报告更稳健，这是归因于美国有着更严格的诉讼威胁。Beekes 等（2004）研究发现，在英国公司中外部董事比例高的公司的会计盈余稳健性程度较高。Lara 等（2005）以英国、法国和德国上市公司为样本，研究发现英国公司的稳健性程度更高，他们将其归因为管理层通过可操纵性应计向投资者传递有用的信息。Klein 和 Marquardt（2006）研究发现，经济发展较落后的地区，政府对企业会有较强的支持力度，给予各项税收优惠、补贴等，尤其是在公司出现亏损以及重大问题的时候。Chung 和 Wynn（2008）研究了管理者法律责任对会计稳健性的影响，发现管理者法律责任越大，公司会计盈余的稳健性越高。Lafond 和 Watts（2008）研究发现，企业管理人员与外部权益投资者之间的信息越对称，财务报表的会计盈余就越不稳健，反之亦然。Lara 等（2009）研究发现，公司治理能力越强，则该公司表现出越高的盈余稳健性。Wang 等（2009）研究发现，管理者拥有的公司债权越多时，公司的稳健性水平就越低，进一步研究发现，在财务杠杆越高、有形资产越少和破产风险越高的公司中，这种负向的影响关系会更加显著。

曹宇等（2005）实证结果表明，大股东对上市公司的控制权越弱，公司的会计稳健性水平就越好。陈胜蓝和魏明海（2007）研究发现，董事长的权力越独立，公司盈余的稳健性越强。刘峰和周福源（2007）通过检验国际四大与国内所之间审计质量的差异发现，国际四大与非国际四大的审计质量并不存在着显著的差异，但从会计盈余的稳健性角度来看，国际四大甚至比非国际四大更不稳健。赵莹等（2007）研究发现，特殊治理水平越低的公司，其财务报告的稳健性水平越低。赵德武等（2008）研究发现，独立董事监督力越强，盈余稳健性水平越高，且这种影响会随着公司治理的逐步改善而有所增强。杜兴强等（2009）研究表明，政治联系降低了民营上市公司的会计稳健性，其中代表委员类政治联系降低了会计稳健性，政府官员类政治联系对会计稳健性的影响不显著。李凯（2010）研究发现，政府干预和市场化水平会影响到政府控制公司的会计稳健性水平。

四 会计稳健性的经济后果

目前，理论界对会计稳健性的经济后果的研究，主要着重于企业融资成本和企业投资活动两个方面。

（一）对企业融资成本的影响

会计稳健性对融资成本具有重要的影响。其中融资成本分为债务资本成本和权益资本成本。

Ahmed 等（2002）研究发现，在股利政策方面，股东和债权人的冲突越严重，会计稳健性程度就越高。在对其他可能影响债务成本的因素进行扣除后，稳健性程度越低，公司的债务成本就越高，实证结果可以表明，稳健性可以降低债务人的融资成本。Moerman（2008）研究发现，买卖差价与更高的信息不对称正相关，借款人的会计稳健性会降低其对应的贷款交易的买卖差价，由此说明，财务报告越稳健，与债务协议相关的信息成本就越低。Zhang（2008）通过检验稳健性对于债权人和债务人的缔约前后利益发现，违约风险信号的及时发出，稳健性能够给债权人带来缔约后利益的同时，也能给债务人带来缔约前利益，即更低的初始利率，这表明，稳健性在一定程度上能够降低债务融资成本。Beatty 等（2008）研究表明，债务调整和财务报告稳健性有助于满足债权人对于稳健性的需求，财务报告的稳健性有助于完善债务契约。Nikolaev（2010）研究发现，会计稳健性提高了公共债务中债务契约的效率，而削弱了私人债务中债务契约的效率。公共债务合同应用越广泛，会计稳健性就会越高。张宏亮（2009）认为，会计稳健性的经济后果应包括三个方面：定价功能、治理功能与投资者保护功能。毛新述（2009）研究发现，稳健性水平越高，公司的债务成本就越低。陶晓慧和柳建华（2010）研究发现，政府控制的上市公司会计稳健性越高，其长期债务的融资会更容易获得。金融发展水平与会计稳健性水平对债务期限结构的影响存在一种替代关系，会计稳健性越高，会计信息的信贷决策有用性就越高。刘娥和袁琳（2010）研究表明，公司会计信息的稳健性越强，公司的再贷款概率就越高，银行与企业的关系越好，其对稳健性会计的需求就越低。

Francis 等（2004）研究发现，公司的盈余质量较差，债务和权益成本越高。Lara 等（2005）研究发现，稳健性水平越高，事前资本成本越低。Guay 和 Verrecchia（2007）研究发现，稳健的财务报告有助于减少未来现金流量的不确定性，从而会相应地降低权益资本成本。Suijs（2008）研究发现，会计稳健性能够降低股价的波动性，从而降低企业权益融资的成本。李刚等（2008）将稳健性作为盈余质量的替代变量，考察了其与权益资本成本之间的关系，研究结果并没有发现稳健性对权益资本成本有着显著影响。毛新述（2009）采用不同计量会计稳健性的方法，考察了稳健性对事前权益资本成本和事后权益资本成本的影响，并没有得到一致的研究结论。

（二）对企业投资活动的影响

稳健性对企业的投资活动也有影响。一般而言，企业的会计政策越稳健，则在评价项目时，差的项目更多地会被拒绝，更多的资本会被配置到净现值为正的项目中。

Bushman 等（2005）研究发现，财务报告体制越稳健，企业对投资机会下降做出反应的速度越快，并且在所有权更分散的国家中，这种约束过度投资的作用更明显。Ball 和 Shivakumar（2005）研究发现，如果企业选择稳健的会计政策，管理者尽量不在他们的任期内投资净现值为负，但短期内盈利的项目，因为管理者事先已经知道，投资项目的亏损会及时在他们的任期内得到确认。Biddle 和 Hilary（2006）研究发现，会计信息质量越高，管理者和外部资金提供者的信息不对称程度越低，投资效率就越高。Rajan 等（2007）研究发现，在高成长公司中，稳健性水平越高，账面的投资回报率越低，而在低成长公司中，稳健性越高，账面的投资回报率越高，而这种影响可能会影响到公司的投资决策。Francis and Martin（2010）研究表明，会计稳健性有助于管理者做出更加有利的并购投资决策，提高投资效率。Lara 等（2010）研究发现，会计稳健性越强，公司的过度投资和投资不足的可能性较小，因此会计稳健性提高了投资效率。

王亮飞和潘宁（2006）研究发现，会计盈余的及时性较低时，股权结构会向更高成本的监督机制调整，会导致公司的股权集中度越高。杨丹等（2007）研究发现，计提资产减值准备的公司在运营环境不利的条件下，会倾向于减少其投资支出，说明会计稳健性有助于约束过度投资。王宇峰和苏逶妍（2008）实证研究发现，会计稳健性越好，在投资机会下降时会更及时地减少投资。孙刚（2010）研究发现，会计稳健性对无效率投资有明显抑制作用，然而在国有控股公司中，会计稳健性对过度投资的这种抑制作用较弱。

第三节　研究评价

综上所述可见，无论是管理者背景特征的研究方面还是会计稳健性的研究方面都取得了许多创造性的理论成果，但是仍存在一些有待于从理论与实证上深入研究的问题，主要有以下几个：

1. 关于研究会计稳健性的人性假设问题。以往关于会计稳健性的研究都是基于新古典经济学理论，假设管理者是同质的、理性的。然而，这种假设在现实中是不存在的。大量研究表明，不同的管理者有不同的个人偏好和管理风格；管理者并非总是理性的，往往存在过度自信、"损失规避"、"妒忌"、短视行为等心理偏差，从而做出非理性决策。如果不从这一现实出发，就难以得出有效的研究结论。

2. 关于会计稳健性的计量问题。目前学术界在这方面提出了许多计量方法，但这些方法各有千秋。如要对这些方法加以正确地选择，以提高实证研究结果的有效性，就需要对各种方法的有效性进行比较研究。但现有文献很少涉及这一问题。

3. 关于会计稳健性的影响因素问题。关于会计稳健性的影响因素，现有文献主要集中在：公司契约尤其是融资契约、法律诉讼、政府管制、税收政策、公司治理、公司特征、政治关系、经济发展水平等因素，但很少涉及管理者背景特征对会计稳健性的影响。然而，现代企业的一个基本特征就是所有权与控制权相分离，管理者拥有企业控制权，管理者对企业行为及业绩便有着决定性的影响，而这种影响首先表现在会计行为方面。在会计政策选择的过程中，管理者可能从自身利益出发选择有利于自己而不利于各利益相关者或企业的会计政策，从而影响会计稳健性。又因为在现实中管理者并非总是理性的，管理者对会计稳健性的影响对于不同性别、年龄、学历、工作经历等背景特征的管理者而言却可能存在较大的差异。因此，在研究会计稳健性时，如果不考虑管理者背景特征的影响，就可能难以得出有效的结论。

第四节　本章小结

本章在对相关文献进行回顾和归纳总结的基础上，还对现有研究成果的贡献和缺陷进行了分析评价。

1. 高阶理论的研究内容有待深化。目前，理论界关于高阶理论的研究，主要集中在管理者背景特征的平均水平和异质性对公司行为的影响，而较少考虑管理者团队中个人的特征因素对公司行为的影响，且其影响对象一般是局限于企业业绩和企业战略。本书认为有必要拓展高阶理论研究的广度和深度，研究对象可拓展到会计和财务领域，且高管团队的特征可以更细致地描述到在团队中占有重要地位的个人具体特征。

2. 会计稳健性的影响因素的研究有待拓展。目前，关于会计稳健性的研究主要集中在会计稳健性的定义、存在性研究、影响因素和经济后果等方面。通过文献回顾发现，会计稳健性在我国上市公司是普遍存在的，公司契约尤其是融资契约、法律诉讼、政府管制、税收政策、公司治理、公司特征、政治关系、经济发展水平等因素都会影响会计稳健性，且这方面的研究成果已经非常丰富，但很少涉及从管理者背景特征的角度考察对会计稳健性的影响。本书意欲研究管理者背景特征对会计稳健性的影响，从而拓展会计稳健性的影响因素的研究。

3. 会计稳健性的计量方法有待正确比较。目前国内关于会计稳健性实证研究的文章在选择会计稳健性计量方法时，都是直接引用国外现有的模型，还没有展开对如何正确选择会计稳健性计量方法的比较研究，本书意欲从相关性和可靠性的角度对目前常用的几种会计稳健性计量方法进行比较。

第三章 管理者背景特征影响会计稳健性的理论分析

第一节 基于高阶理论的分析

Hambrick 和 Mason（1984）提出了著名的"高阶理论"。该理论认为：（1）高层管理团队的人口统计特征，如性别、年龄、学历、工作经历等，能够反映认知、价值观等心理特征，以及团队内部的沟通和冲突等运作过程；（2）团队成员不同的人口统计特征以及这些特征的作用过程会影响到组织的战略选择与绩效。该理论是高层管理团队研究领域的奠基石，它开拓了一个崭新的、具有重大战略意义的研究领域，为理论研究的方法论和实践应用都提供了新的方向。

高阶理论首先是以"经济人的有限理性"为前提的。传统经济学提出"经济人"假设的观点。认为人类的行为都是理性的和自利的，因此会导致个人与社会整体福利水平的最大化，因此每个人都有捍卫自己合法利益的权利和能力，由此产生的结果就是使全社会资源分配达到效用极大，也能使社会达到尽可能的公平。亚当·斯密将其理解为人在经济活动中会通过得失与精密计量而追求自身利益的最大化。而诸多经济学家对传统"经济人"假设的"无穷理性"深表质疑。贝克（Gary Becker）拓展了"经济人"假设。他在个人效用函数中引入利他主义行为来说明人类行为的一般性，将非经济因素纳入到经济模型的分析中。他为了解释人的非理性行为而拓展了理性的外延，承认人生有许许多多目标，为了获得短期的利益而暂时放弃长期的终身目标也应该被视为理性。诺贝尔经济学奖得主西蒙（Simon）教授提出了人的"有限理性"的观点。他认为，人的思维能力并不是无穷无尽的，具有有限理性，人们在行为上并不是追求效用极大，人会根据自己有限的思维和对周围环境的认知作出令自己满意的选择，即人都是"有限理性"的。马克思经济学中的"人"保留了所有作为"社会人"的本质特征。他认为人不是生活在真空中，人是具体的历史的人，他的行为受自然环境、社会环境以及自身局限等因素的制约，其中自身因素就有先天资质的差异、知识构成差异、阶级立场差异等，外部环境的改变通过影响内部因素改变人的决定。新制度经济学的代表人物威廉姆森（Williamson）则提出了"契约人"假设的观点。由于在契约过程中，不确定性、信息不完全性、资产专用性、可交易数量的有限性等现象的存在致使交易费用为正，机会主义行为就有了更多的实施空间。他通过在经济学假设中引入社会学假设以此来弱化新古典传统假设的严格性。行为经济学则提出了"人并非完全理性自私"的观点。行为经济学作为经济学的一个分支，旨在通过人们在各种经济活动中的行为解释经济现象的本质。每个个体在实际决策中都是有限理性的，会将其自身的喜好带入到特定的管理工作中，而这些喜好反映了决策者的认知基础，如对未来事件的分析和认识，与选择有关的知识，与选择所导致的最终结果有关的知识等，同时也会反映决策者的价值观。经济人的"有限理性"假设已被经济学界广泛接受。

高层管理团队的界定问题是研究高管团队对公司行为影响的一个基本问题。高层管理团队成员的多少和怎样界定决定了研究中自变量数据的收集范围，因此，对高管团队的正确界定最终会影响结果的科学性。现有研究中，界定管理者团队成员的方法通常有三种：（1）直接向 CEO 进行问卷调查来确定；（2）直接与 CEO 进行访谈来确定；（3）根据上市公司年报、网络披露等资料来确定。而关于管理团队的人员构成并没有一个统一的定论。Hambrick 等（1996）认为，高层管理团队应由有副总裁头衔以上的经理组成。Elron（1997）认为，高层管理者应只包括从首席执行官到高级副总裁层次的管理人员。

高阶理论关注的重点主要是管理者易于观测的特征，主要包括管理者的性别、年龄、学历、任期、教育背景、社会基础等。这种研究方法在很多领域都有相关的研究，比如可以用来预测消费者的偏好，领导力的大小等等。高阶理论之所以关注这些易观察的人口特征而不是心理特征，主要是基于：①管理者的心理学维度很难被测量或者说是测量的准确度不高；②将一些复杂心理学的维度指标化会限制问卷调查等方式的实证研究的有效性，故而忽略这些复杂指标的测量将有利于确认变量之间的相关性；③将高阶理论用到一些特殊问题的研究时，比如管理者选择、提升或竞争分析时，需要用到这些可以观察的管理者背景特征数据。因此目前大部分关于高阶理论的研究都是集中在管理者的人口特征方面。高阶理论的认知视角给企业的管理实践提出了非常有用的改进思路和方法，有助于企业根据不同的情形选择不同类型的高层管理者，有助于减轻高层管理者的认知模式刚性，有助于建立有效的高层管理团队。

高阶理论的研究内容对本书研究管理者背景特征如何影响会计稳健性具有重要的理论指导意义：

1. 管理者团队背景特征的平均水平对会计稳健性的影响。以往研究管理者团队背景特征的平均水平对企业绩效和战略的影响时，主要是从以下几个背景特征来分析：年龄在某种程度上是管理者的阅历和风险承担倾向的代表，一般是从经验的积累和适应变化来分析其对企业行为的影响；学历水平通常能够反映管理者的认知能力和技巧，一般被认为与灵活应变、信息处理能力等存在正相关关系；教育背景一般会影响管理者的性格和偏好；任期能够反映管理者的成熟度，且其与团队内的社会整合程度密切相关。会计稳健性是会计信息质量的一个衡量指标，而会计信息质量直接影响到以公司经营业绩为基础的各利益相关者（特别是管理者）的行为。而管理者都是有有限理性的人，因此，管理者的年龄、性别、学历和任期等人口特征会通过影响到管理者的有限理性，继而影响到管理者在行为选择上的偏差，会在会计信息的产生过程中更多地添加（基于主观原因或者客观原因）个人的喜好，从而影响到会计信息质量水平，即会计稳健性。

2. 管理者团队背景特征的异质性对会计稳健性的影响。高管团队的异质性是指团队成员间人口背景特征以及重要的认知观念、价值观、经验的差异化程度，包括多个维度，如年龄、团队任期、教育水平和专业、智能经验、文化、性别、国籍等异质性。相关研究发现，管理者团队的异质性能对企业产生重要的经济后果，如贡献有益的冲突、讨论大量的可供选择的解决方案、为企业开拓市场提供不同的选择方案、能够有效控制企业在国际市场竞争中的风险和不确定性、支持了社会同一性理论和信息——决策理论等。按照社会同一性理论，由于异质性越小的管理者团队越容易形成共同的价值观，从而有利于提高企业决策水平，促使企业稳定发展，因此异质性越小的管理者团队就越有可能选择较稳健的会计政策。

3. 管理者团队垂直对背景特征对会计稳健性的影响。目前高阶理论的内容尚未涉及管理者团队垂直对特征。管理者"垂直对"是指公司上司和下属在职位层级上的差异。由于职位决定了个体在组织中的正式角色，因而它对组织中的个体互动起着关键作用。其理论基础是相似吸引范式，认为人与人之间交往是源于人际吸引，而人际吸引的重要诱因是相似性。管理者之间职位的差异决定了管理者在企业中拥有不同的权力，而目前中国上市公司的治理结构普遍不是特别完善，因此，管理者会基于某些目的，利用权力差异将个人的偏好强加到下属的决策行为中，从而制约下属在行为决策上主观能动性的发挥，而这一特点同样会影响到会计行为方面。在中国特有的制度背景下考虑管理者"垂直对"特征对会计稳健性的影响，将更有助于会计稳健性的政策解释能力。因此，本书将进一步考虑管理者垂直对特征对会计稳健性的影响。

4. 董事长或财务总监个人背景特征对会计稳健性的影响。在现代企业所有权与控制权相分离的情况下，企业不是由投资者进行管理，而是由经营者尤其是高管团队来管理的。按照行为经济学的逻辑，个体都是有限理性的，这种有限理性决定了个体在决策和行为选择上的偏差。从事公司业务活动的董事长或者财务总监作为经济人也具有追求利益最大化的意识，但限于信息不对称和人的认知能力之局限，他们也是"有限理性"的人。高阶理论关于管理者团队背景特征的研究主要集中管理者团队背景特征的平均水平和管理者团队背景特征的异质性两个方面。许多企业的高层管理者确实有很大的控制权，面对极为复杂和动态的环境，高层管理者个人很难把握对企业有利的准确信息，而团队决策往往会提高公司决策质量，且团队行为的融合可以改善组织的绩效，特别是面对新生事物时团队效果会更加明显。但是团队目标和决策的实现更多地取决于团队中个体行为的加总，进一步考虑团队中某个重要个体特征对公司行为的影响，更有利于促进团队目标的实现和提高公司的决策能力。因此，本书除了考虑管理者团队的背景特征对会计稳健性的影响外，还考虑了具有重要决策地位的董事长和财务总监的背景特征对会计稳健性的影响。

第二节　基于委托—代理理论的分析

委托—代理理论是由 Jensen 和 Meckling（1976）、Ross（1973）、Holmstrom（1979）、Grossman 和 Hart（1983）等发展起来的，是现代经济学研究中最为活跃的领域之一，主要研究信息非对称条件下市场参与者的经济关系——委托—代理关系以及由此引出的激励约束等问题。委托—代理关系的产生有很多条件，如委托人利益的实现取决于代理人工作的努力程度，委托人所要实现的目标与代理人所要追求的目标不同，委托人知道的信息少于代理人知道的信息，即存在信息不对称。解决该问题的核心是需要设计出一套有效的激励机制，在该机制下，代理人会更倾向于说真话和不偷懒。这种机制因为可以涵盖所有可以预见到的或然事件，其本质也是一个不需要再谈判的完全合同，杨瑞龙（2005）将其称为"完全合同理论"。Jensen 和 Meckling（1976）为后续研究企业代理问题提供了一个分析框架，即由于多方面的原因，委托人为了能够实现自身效用最大化的目的，不得不将其所拥有或控制资源的使用权授予代理人，前提是要求代理人必须按照委托人的利益行事。但代理人也只有有限理性，是追求自身效用最大化的经济人，在与委托人目标函数不一致和信息不对称的情况下，机会主义的滋生和自利的天性会诱惑代理人做出有利于自身而不利于委托人的决策，从而损害委托人的利益，因此委托人和代理人之间就会产生代理问题。委托人就必须建立一套有效的制衡机制（或契约），用以规范、约束并激励代理人的行为，降低代理成本，更好地满足自身利益。上述问题基本逻辑关系可以概括为：委托人设计契约——代理人根据情况选择接受（或拒绝）契约——代理人提供努力——随机因素决定现状态——委托人根据结果进行支付（刘有贵和蒋年云，2006）。

委托—代理关系在我国上市公司中普遍存在。在股权分散的上市公司中，存在着全体股东与管理者之间的单层委托—代理关系，而在股权集中的上市公司中，存在着大股东与管理者、大股东与中小股东之间的双层委托—代理关系。委托—代理理论能够反映管理者作为代理人的角色的心理复杂性，随着现代企业发展不确定性的增强和竞争的日益激烈，管理者作为人力资本的稀缺性对企业的发展越来越重要，作为掌握公司经营大权的管理者，会尽可能地寻找实现自己人力资本价值的通道，使得管理者在经营过程中的很多选择行为充满着复杂性和不确定性。根据委托—代理理论，管理者作为"代理人"，股东为了实现自身效用最大化，会将所拥有资源的使用权授予管理者，并要求管理者按照股东自身的利益行事。但管理者也是有限理性的，作为追求自身效用最大化的经济人，在面临信息不对称、成本收益不对称、职务任期有限等客观限制，薪酬待遇、职务晋升与经营业绩直接挂钩等情况下，管理者容易产生道德风险，其会基于信息优势作出危害委托人利益而有利于自身效用最大化的事情，在债务契约和薪酬契约中都可能侵占他人的利益，无论是债权人还是外部股东，从而对企业价值造成负面影响。比如，管理者可能会选择激进的会计政策操纵会计利润以最大化其当期酬金；管理者可能利用信息优势操纵会计数字，误导投资者的决策；管理者可能过多地分配股利，损害债权人的利益，也可能过少地分配甚至不分配股利，影响股东的利益；随着我国会计准则与国际会计准则的全面接轨，企业会计政策和会计估计的选择空间显著增大，利用会计方法的可选择性进行盈余管理的可能性大大增加。由于代理问题的存在，相关的约束契约又是不完备的，势必导致管理者在自由会计选择的状态下会侵害其他相关者，而不同认知、偏好和信念的管理者对会计政策的选择有不同的看法或敏感性，其行为选择的不同及与股东意志的不一致会影响到会计稳健性水平。

第三节 基于信号传递理论的分析

不对称信息，就是指交易关系中一方知道而另一方不知道的信息。不对称信息一般可以分为事前非对称信息和事后非对称信息两类。事前非对称又称为隐藏信息，是指签约之前存在的非对称信息，会导致逆向选择。事后非对称信息又称为隐藏行动，是指签约之后发生的非对称信息，会导致道德风险。解决逆向选择的一种重要机制就是信号传递。所谓信号传递是指，由于存在信息不对称，代理人知道自己的类型而委托人并不知道，代理人为了显示自己的类型，使自己能够被委托人识别，就会选择某种信号，以使双方的契约得以签订。2001 年诺贝尔经济学奖得主斯宾塞（Spence）是信号理论的开创者。Spence（1973）论文中的经典实例是教育的信号传递作用，他认为，人们接受教育可能是因为受教育本身能够提高能力和劳动生产率，但是即使教育本身不能提高能力，接受教育仍然是一件有价值的决策，因为教育可以传递个人能力的信号，从而使受教育者在劳动力市场上显示出自己的能力。自 Spence（1973）经典文献发表之后，关于市场信号的争论很快成为信息经济学的一个焦点问题。Riley（1975）认为，按照斯宾塞的理论应该可以得知，一是存在一个均衡工资集，在这个均衡工资集里，每个工资都是自确认的，二是在每个可能的均衡中，信号传递的私人收益要大于其直接对生产的贡献，三是过度投资可以被估计，从而总产出可以达到最大化。Riley（1985）分别考察了多重委托—代理信息隐藏模型、有限数量卖方类型的纳什均衡和类型连续分布的纳什均衡，认为在保险和劳动力市场中，多重委托—代理问题存在唯一的纳什均衡。信号理论创立以来，在财务学、产业组织学及社会制度学等诸多领域的研究中开始得到逐步应用，其中在财务学领域的应用最为广泛。Ross（1977）研究发现，价值较低的企业只能选择较低的负债水平，投资者可以据此区分不同类型的企业。Leland 和 Pyle（1977）认为，如果企业家对申请投资的项目进行投资，就会向贷方传递一个好信息，投资者就可以根据企业家的投资比例初步估计项目的价值。Talmor（1981）认为，受信号激励的影响，市场预期管理者一般会偏离最优决策，从而次优决策出现的可能性就非常大。Bhattacharya（1979）创建了第一个股利信号模型，认为如果企业派发现金股利，则该信息可以作为未来预期盈利的信号。

会计稳健性作为一种信号传递机制，可以减少投资者的信息不对称，降低代理成本，提高公司价值。根据披露原则，当公司没有及时披露某项信息时，投资者往往把它视为坏消息，因此，经济效益良好的公司管理者，为了避免被市场误认为是"柠檬"，会更加积极主动地披露更及时的信息，用以传递好公司的信号。Mayers 和 Majluf（1984）认为，管理者一般拥有比外部股东更多的内部信息，如果不解决这种信息不对称的问题，则公开发行股票或者债券的成本就会比较高。张宗新等（2007）认为，公司在公开融资前，如果强化与外部投资者的信息沟通，并且自愿披露有关公司财务和企业发展前景的信息，就会传递好公司的形象，有助于公司的再融资行为。Bagnoli 等（2005）认为，在通用会计原则下，管理者需要对会计政策有充分的判断，他提出了一个信号模型，用以解释管理者对保守性会计政策的选择，而管理者的决策目标是通过对保守性和非保守会计政策的选择，使自身的薪酬获得最大化。Wang 等（2009）认为，债务市场信号模型存在一个占优的分离均衡，在该均衡下，低风险企业选择高水平的稳健性，而高风险企业选择低水平稳健性。作为一个信号机制，会计稳健性能够在签订债务契约之前将关于公司风险的私有信息传递给借款人，通过降低债务市场的信息不对称而使借贷双方受益。管理者控制着经营的全过程，相对于其他信息使用者而言，拥有更加充分及时的信息，包括不易被外人知晓的关于公司经营状况、现金流和发展前景的私人信息。而企业的外部缔约方由于不直接参与经营管理，以及受制于成本效率原则及法律技术等因素的约束，他们无法亲自获取企业实际经营活动的信息，只能借助管理层通过财务报告的形式公布出来的公司的业绩信息，因此，管理层就会在财务报告编制过程中，利用他们对公司业务和发展机会的了解，选择与公司业务状况匹配的报告方法，进行适当的会计估计和披露，这就赋予了管理层运用主观判断来选择某些会计政策的权力，也给他们提供了操纵会计政策的机会。有时候管理层所选择的报告方法和进行的会计估计并不能够准确地反映公司实际的收益情况。管理者如果选择符合企业实际的会计政策，投资者等外部利益人就能够识别这是企业高盈利质量的信号，并对此行为进行价格补偿；如果选择高估盈利低估负债的会计政策，投资者等外部利益人就会对这种故意高估行为在事后进行价格补偿。而不同背景特征的管理者，会对信号传递的后果理解不同，有些管理者会基于自身利益传递虚假信息，从而在信息披露或财务报告形成的过程中影响到会计稳健性。

第四节　基于契约理论的分析

契约理论是近 30 年来迅速发展的经济学分支之一。契约理论主要包括三大理论分支：委托—代理理论、不完全契约理论和交易成本理论。契约理论的探讨开始于完全契约，完全契约有两个重要假设，一是完全理性人的假设，二是完全竞争市场环境的假设。所谓完全契约，是指在最大可能的程度上，明确规定未来所有状态下契约所有各方的责任与权力，将来各方都不需要再对契约进行修正或重新协商，即契约的修改或者增加应该已经被预期并被纳入到最初的契约中了，不会出现任何法律纠纷。也就是说，完全契约条款应该包括，在与契约行为相应的未来不可预测事件出现时，每一个契约当事人在不同的情况下的权利义务、风险分担、契约强制履行的方式和契约所要达到的最终结果。在这种情况下，完全契约体现了缔约双方当事人完全和真实的意思，就是一份包罗各种不可预测偶然事件的契约，这显然与现实不符。不完全契约是对完全契约理论的补充和发展，认为由于个人有限理性和信息不对称等原因，缔约双方无法完全预见契约期内可能发生的一切事件，当对契约条款产生争议时，当事人或第三方无法证实或观察一切，或者即使能够验证，在经济上也不可行。根据目前的研究，产生不完全契约的原因主要有：契约语言的模棱两可或者不清晰，契约方疏忽某些问题，契约订立条款以解决一个特定事宜的成本超出其收益，不对称信息的存在，市场至少有一方是异质的且存在足够数量的偏好合作类型等。在这些原因中，信息不对称是其中的核心问题。由于外在社会的复杂性和不确定性，导致契约当事人不可能拥有充分信息并且无成本地进行缔结和履约活动，契约注定是不完全的。不完全契约面临的一个核心问题就是，由于缔约方的机会主义行为造成资源配置的帕累托无效。不完全契约理论为分析和研究交易双方事前的信息不对称提供了手段和途径。

会计稳健性的产生并非源于会计管制的强制性要求，而是源于企业契约关系。根据现代企业理论，企业实际上是由与股东、债权人、政府、职工等之间的契约组成的"契约的联结"，管理者由于掌握着公司真实的会计信息，会基于自身目的，利用信息的不对称性和契约的不完全性，左右会计数据及其相关行为。会计信息是企业决策以及企业与各利益相关者之间是否签订契约、是否执行契约和是否修订契约的依据，管理者对于会计政策的选择必然会改变企业契约的这个基础。因此，从契约的角度看，在合同为不完全时，特别是随着我国会计准则与国际会计准则的全面接轨，企业会计政策、会计方法和会计估计的选择空间显著增大，留给管理层一定的选择权导致管理层可能会滥用会计政策的灵活性，以牺牲其他契约方的利益为代价来增加自身的利益，从而影响会计稳健性。

1. 报酬契约下不同背景特征的管理者对会计稳健性的影响。管理者报酬契约以会计盈余为依据，并且常常被用来拉近管理层与外部利益相关者之间的利益，当他们之间的利益不一致时，管理层就会具有延迟反映（甚至隐藏）损失、提前反映（甚至虚增）盈余的动机。面临信息不对称、成本与收益不对称、职务任期有限等客观限制，薪酬待遇、职务晋升与经营业绩直接挂钩等原因，管理者容易产生道德风险，对企业价值造成负面影响。公司管理层在与利益相关者的契约关系形成之后，会利用信息不完全而采取机会主义行为。比如，管理者可能会选择激进的会计政策操纵会计利润以最大化其当期酬金；管理者可能利用信息优势操纵会计数字，误导投资者的决策；管理者可能过多地分配股利，损害债权人的利益，也可能过少地分配甚至不分配股利，从而影响股东的利益。正如Watts 和 Zimmerman（1978）研究指出，对于薪酬委员会或者债权人来说，要揭穿管理者的这种行为的成本代价是很高的，只要存在契约成本，就不可能根除管理人员操纵会计政策。而不同的管理者，在对薪酬或者个人理想上的追求上是不同的，导致其个人约束力和对契约的看法不同，如年轻的管理者可能更多地追求金钱带来的满足感，而年长的管理者可能更多地追求个人理想的实现。因此，在以会计盈余为基础的报酬契约关系下，不同背景特征的管理者对操纵会计盈余的动因不同，从而影响会计稳健性。

2. 债务契约下不同背景特征的管理者对会计稳健性的影响。一般可用到会计数据的债务契约主要有：股利和股票回购、营运资本最低要求、对兼并活动的限制、向其他企业投资限制和对资产处置的限制等。与以会计盈余为依据的管理人员报酬计划一样，债务契约的一些条款，如果要以会计数据为依据，就必须对管理者的会计政策选择和制定加以限制。一般会制定一些惯例来限制管理者的这种选择，债务契约的目的也是为了遏制管理者夸大盈利和资产的倾向，不过，一般而言，债务违约的成本也是很高的，债务契约使管理者有动机增加盈余，以达到债务契约中对会计数字要求所带来的限制和避免违背债务契约风险的目的。因此，管理者一般会在债务到期前操纵盈余，从而影响会计稳健性水平。而不同背景特征的管理者，债务契约对其约束力也不同。如女性管理者可能更注重债务带来的风险，而男性管理者可能更注重债务带来的杠杆效应和长期效益。因此，债务契约对管理者的约束方面也会深深地打上管理者背景特征的烙印。

第五节　本章小结

1. 从高阶理论的角度看，管理者的年龄、性别、学历和任期等人口特征在一定程度上会影响管理者的理性程度，从而影响会计稳健性。在现代企业所有权与控制权相分离的情况下，企业不是由投资者进行管理，而是由经营者尤其是高管团队来管理的。而管理者的年龄、性别、学历和任期等人口特征会影响到管理者的有限理性，这种有限理性决定其在决策和行为选择上的偏差。会计稳健性是会计信息质量的一个衡量指标，而会计信息质量直接影响到以公司经营业绩为基础的各利益相关者（特别是管理者）的行为，而管理者会在会计信息的产生过程中更多地添加（基于主观原因或者客观原因）个人的喜好，从而影响到会计信息质量水平，即会计稳健性。

2. 从委托—代理理论的角度看，管理者作为"代理人"，因其与委托人目标函数的不一致，导致其可能通过操纵会计政策侵占别人的利益。在我国上市公司中，存在着全体股东与管理者之间的单层委托—代理关系，或者是大股东与管理者、中小股东与大股东之间的双层委托—代理关系。由于代理问题的存在，相关的约束契约又是不完备的，势必导致管理者在自由会计选择的状态下会侵害其他相关者，而不同认知、偏好和信念的管理者对会计政策的选择有不同的看法或敏感性，其行为选择的不同及与股东意志的不一致会影响到会计稳健性水平。

3. 从信号传递的角度看，会计稳健性作为一种信号传递机制，管理者会利用信息优势的地位在信息披露或财务报告形成的过程中影响到会计稳健性。管理者控制着经营的全过程，在信息不对称的情况下具有信息优势。而企业的外部缔约方一般是借助管理层公布出来的公司业绩信息来获取企业实际经营活动的信息，而管理层在财务报告编制过程中需要进行必要的判断，有时候管理层所选择的报告方法和进行的会计估计并不能够准确地反映公司实际的收益情况，而不同背景特征的管理者，会对信号传递的后果理解不同，有些管理者会基于自身利益传递虚假信息，从而在信息披露或财务报告形成的过程中影响到会计稳健性。

4. 会计信息是企业决策以及企业与各利益相关者之间是否签订契约、是否执行契约和是否修订契约的依据，管理者对于会计政策的选择必然会改变企业契约的这个基础。而在以会计盈余为基础的报酬契约关系下，管理层在面临信息不对称、职务任期有限等客观限制，薪酬待遇与经营业绩直接挂钩等情况下，管理者容易产生道德风险。而不同背景的管理者，在对薪酬或者个人理想上的追求上是不同的，导致其个人约束力和对薪酬契约的看法不同，对操纵会计盈余的动因不同，从而影响会计稳健性。债务契约使管理者有动机增加盈余，以达到债务契约中对会计数字要求所带来的限制和避免违背债务契约风险的目的。而不同背景特征的管理者，债务契约对其约束力也不同，债务契约对管理者的约束方面也会受管理者背景特征的影响。

第四章　会计稳健性计量方法的
比较与选择

第一节　问题提出

会计稳健性是关于会计盈余确认和计量的一项重要原则。遵循这一原则有着十分重要的作用：首先，会计稳健性是财务报告的一个重要质量特征；其次，会计稳健性是一种有效的企业治理机制；最后，会计稳健性是企业稳定发展的重要保证。正因如此，会计稳健性颇受学术界的关注，如近五年来在我国《会计研究》上发表的相关论文有 21 篇，约占论文整数的 5%。在对会计稳健性的实证研究中，最具挑战性的问题是关于会计稳健性的计量问题。目前，学术界关于会计稳健性的计量方法主要有：盈余—股票报酬计量法（Basu，1997）；盈余持续性计量法（Basu，1997）；多期间累积的盈余—股票报酬计量法（Roychowdury and Watts，2007）；应计—现金流计量法（Ball and Shivakumar，2005）；净资产账面与市场价值比率法（Beaver and Ryan，2000）；负累积应计项目计量法（Givoly and Hayn，2000）。在这些方法中孰优孰劣以及如何加以合理地应用？如果不能很好地解决这一问题，就难以得出有效的实证研究结果。本章将从计量方法的相关性和可靠性两个方面对这一问题进行实证考察。

相关性是指不同计量方法之间的相关性（Cook and Campbell，1979；Shepard，1993）。如果是正相关，就意味着各计量方法之间具有高度的统一性或相似性，可以不同时采用；如果是负相关或不相关，就意味着各计量方法之间的变化方向不一致或不存在密切联系，具有互补性，可以同时采用。可靠性是指用同一衡量会计稳健性的指标来判断不同计量方法的有效性（Cook and Campbell，1979；Messick，1989）。由上述可见，在选择会计稳健性的计量方法时，考虑相关性便可以使实证研究更好地体现成本效益原则；考虑可靠性便有助于正确地选择计量方法。

本章以 2007—2010 年深沪两市 A 股上市公司的数据为研究样本，借鉴 Wang 等（2009）的研究思路，从相关性和可靠性两个方面对上述不同计量方法的比较和选择问题进行实证研究。结果表明：AT 与 BTM、ACF与 BTM、BTM 与 NA 不可以同时加以采用，其他计量方法之间可以同时加以采用；在上述六种计量方法中，AT 和 ACF 这两种计量方法的可靠性较高，具有比较优势。这些研究结论对正确地选择会计稳健性的计量方法，提高实证研究结果的可靠性具有一定的启示意义。

第二节　文献回顾

自 Basu（1997）率先对会计稳健性进行实证研究以来，学术界提出了许多计量会计稳健性的方法，主要有：

1. 盈余—股票报酬计量法（AT），也称非对称及时性计量法。这种方法由 Basu（1997）提出。Basu（1997）认为，市场回报是经济收益，而会计盈余是对经济收益的确认，并且由于可验证性的要求都会导致市场价格先于会计信息，则会计稳健性就意味着会计盈余对"坏消息"的反应比对"好消息"的反应更为及时充分，或者说会计盈余对差的市场回报就会更加敏感。Basu（1997）采用反回归方程构建的盈余—股票报酬计量模型如下：

$$\frac{EPS_{i,t}}{p_{i,t-1}} = \alpha_0 + \alpha_1 DR_{i,t} + \beta_0 RET_{i,t} + \beta_1 RET_{i,t} \times DR_{i,t} + \varepsilon_{i,t} \qquad (4-1)$$

式中：$EPS_{i,t}$为 i 公司 t 年度的每股盈余；$P_{i,t-1}$为 i 公司 t 年初的每股价格；$RET_{i,t}$为 i 公司 t 年度的股票报酬率；$DR_{i,t}$为哑变量，当 $RET_{i,t} < 0$

时取值为1，否则为0。

该模型中，β_0 度量了会计盈余与正股票年度报酬率之间的相关关系，即会计盈余确认"好消息"的及时性；$(\beta_0 + \beta_1)$ 度量了会计盈余与负股票年度报酬率之间的相关关系，即会计盈余确认"坏消息"的及时性；β_1 度量了会计盈余确认坏消息较之确认好消息的及时性；如果存在会计稳健性，则 β_1 应大于0。

2. 盈余持续性计量法（EP）。这种方法也由 Basu（1997）提出。Basu（1997）认为，会计稳健性意味着会计盈余对"好消息"的反应相对滞后迟缓，而对"坏消息"的反应更加及时充分。也就是说，只有当资产价值增加，并且产生了现金流时，才将利得确认为会计盈余，从而造成负盈余及其变化更加容易出现反转，而正盈余及其变化的持续性更强。采用盈余的持续性来度量会计稳健性的计量模型如下：

$$\frac{\Delta EPS_{i,t}}{P_{i,t-1}} = \alpha_0 + \alpha_1 DR_{i,t} + \beta_0 \frac{\Delta EPS_{i,t-1}}{P_{i,t-2}} + \beta_1 DR_{i,t} \times \frac{\Delta EPS_{i,t-1}}{P_{i,t-2}} + \varepsilon_{i,t} \quad (4-2)$$

式中：$\Delta EPS_{i,t}$ 为 i 公司 $t-1$ 年到 t 年每股盈余的变化；$\Delta EPS_{i,t-1}$ 为 i 公司 $t-2$ 年到 $t-1$ 年每股盈余的变化；$P_{i,t-1}$ 为 i 公司 t 年初的每股价格；$DR_{i,t}$ 为哑变量，当 $\Delta EPS_{i,t-1}/P_{i,t-2} < 0$ 时取值为1，否则为0。

在模型（4-2）中，β_0 度量了"好消息"组会计盈余反转的系数；$(\beta_0 + \beta_1)$ 度量了"坏消息"组会计盈余反转的系数；β_1 度量了"坏消息"组较之"好消息"组会计盈余的增量反转程度，如果存在会计稳健性，则 β_1 应小于0。

3. 累积的盈余—股票报酬计量法（CAT）。这种方法是由 Roychowdhury 和 Watts（2007）提出的，它是对盈余—股票报酬计量法的改进，即用累积股票报酬率代替年股票报酬率，用累积每股盈余代替年每股盈余。其计量模型如下：

$$\frac{EPS_{t+1,t+k}}{P_t} = \alpha_0 + \alpha_1 DR_{t+1,t+k} + \beta_0 RET_{t+1,t+k} + \beta_1 RET_{t+1,t+k} \times DR_{t+1,t+k} + \varepsilon$$

$$(4-3)$$

式中：$EPS_{t+1,t+k}$ 为 $t+1$ 到 $t+k$ 年的累积每股盈余；P_t 为 t 年末的每股价格；$R_{t+1,t+k}$ 为 $t+1$ 到 $t+k$ 年的累积股票报酬率；$DR_{t+1,t+k}$ 为哑变量，

当 $R_{t+1,t+k}$ < 0 时取值为 1，否则为 0。如果存在会计稳健性，则 β_1 应大于 0。

4. 应计—现金流关系计量法（ACF）。这种方法由 Ball 和 Shivakumar（2005）提出。Ball 和 Shivakumar（2005）认为，应计项目的随机性会导致两种不同时间序列特征的现金流，即时间序列上负相关的现金流和正相关的现金流。这是因为某一年度的现金流出并不意味着企业价值的降低，未来会带来更多的现金流量，负相关的现金流会使得现金流中包含更多的噪声，对于这种现金流，会计应计的作用是减少经营活动现金流中的噪声。Ball 和 Shivakumar（2005）采用经营活动现金流量作为"好消息"和"坏消息"的替代变量，构建的应计—现金流计量模型如下：

$$ACC_{i,t} = \alpha_0 + \alpha_1 DR_{i,t} + \beta_0 CFO_{i,t} + \beta_1 DR_{i,t} \times CFO_{i,t} + \varepsilon_{i,t} \qquad (4-4)$$

式中：$ACC_{i,t}$ 为 i 公司 t 年初总资产平减后的应计项目，即（净利润 + 财务费用 − 经营活动现金流量）/期初总资产；$CFO_{i,t}$ 为 i 公司 t 年初总资产平减后的经营活动现金流量，即经营活动现金流量/期初总资产；$DR_{i,t}$ 为哑变量，当 $CFO_{i,t}$ < 0 时取值为 1，否则为 0。

在模型（4-4）中，度量应计项目与正经营活动现金流量之间关系的 β_0 以及度量应计项目与负经营活动现金流量之间关系的（$\beta_0 + \beta_1$）均应为负值。由于应计项目具有缓解经营活动现金流量的噪声以及及时确认经济损益的作用，因此应计项目与负经营活动现金流量之间的相关性应该更强，如果存在会计稳健性，则 β_1 应大于 0。

5. 净资产账面与市场价值比率法（BTM）。这种方法由 Beaver 和 Ryan（2000）提出。Beaver 和 Ryan（2000）认为，将净资产账面价值与市场价值的比率分为偏差部分与滞后部分。偏差是指账面价值持续高于或者低于市场价值，或者说账面价值与市场价值的比率持续高于或者低于 1，这部分偏差与会计稳健性有关。滞后是指未预期的利得或损失没有立即在账面中予以确认，而是在以后期间逐步确认，从而导致账面价值与市场价值的比率暂时性偏高或偏低，这部分偏差与会计稳健性无关。Beaver 和 Ryan（2000）采用偏差来计量会计稳健性的计量模型如下：

$$BTM_{i,t} = \alpha_t + \alpha_i + \sum_{j=0}^{6} \beta_j RET_{i,t-j} + \varepsilon_{i,t} \tag{4-5}$$

式中：$BTM_{i,t}$ 为 i 公司 t 年度净资产账面价值与市场价值的比率；α_t 为年度效应；$RET_{i,t-j}$ 为年度股票报酬率；α_i 为公司效应，代表公司净资产的账面价值低于市场价值的偏差，该系数越低说明会计稳健性越大。

6. 负的累积应计计量法（NA）。这种方法由 Givoly 和 Hayn（2000）提出。Givoly 和 Hayn（2000）认为，由于会计稳健性意味着会计盈余更多地反映了"坏消息"的影响，从而导致累积应计项目为负，因此可以通过用累积应计项目的符号及大小来判断会计稳健性。其计量模型如下：

$$Nopacc = Tacc - Opacc \tag{4-6}$$

式中：$Nopacc$ 为公司的非经营性应计项目，即为会计稳健性的度量指标，如果该值持续为负，则说明存在会计稳健性。$Tacc$ 为总应计项目，其计算公式为：$Tacc = NI + Depr - CFO$（NI 为净利润；$Depr$ 为累积折旧和待摊费用之和；CFO 为经营活动现金流量）。$Opacc$ 为经营性应计项目，其计算公式为：$Opacc = \Delta Rec + \Delta Inv + \Delta Prep - \Delta Pay - \Delta Taxp - \Delta Prer$（$\Delta Rec$ 为当期应收账款与上期应收账款之差；ΔInv 为当期存货与上期存货之差；$\Delta Prep$ 为当期预付账款与上期预付账款之差；ΔPay 为当期应付账款与上期应付账款之差；$\Delta Taxp$ 为当期应交税金与上期应交税金之差；$\Delta Prer$ 为当期预收账款与上期预收账款之差）。

根据近五年来在 The Accounting Review、Journal of Accounting and Economics、Journal of Accounting Research、Contemporary Accounting Research 和《会计研究》五种重要期刊上发表的相关文章，经过整理分析，上述各计量方法在实证研究中的应用情况见表 4-1 和表 4-2。表 4-1 反映的是各种计量方法的使用次数。由此表可见，AT 模型在实证研究中应用最为广泛，其次是 ACF 模型。表 4-2 反映的是在同一篇文章中所使用不同计量方法的种类。由此表可见，还是有不少文章同时使用了两种以上的计量方法。

表 4 - 1　　　　　　　　会计稳健性计量方法的使用次数

计量方法	AT	ACF	EP	CAT	BTM	NA
使用次数（次）	46	13	5	4	3	2

表 4 - 2　　　　　　在同一篇文章中使用不同计量方法的数量

方法种类	1 种	2 种	3 种以上
文章篇数（篇）	41	17	3

第三节　研究设计

本章的研究样本为 2007—2010 年深沪两市 A 股上市公司的数据，并按照下列标准加以筛选：①剔除当年 IPO 的公司，因为这类公司的当年会计盈余与其他年份的差异较大；②剔除 ST 和 * ST 公司，因为这些公司已连续亏损两年以上，面临着退市危险，若将其纳入研究样本，可能会影响研究结论的可靠性和一致性；③剔除金融类公司，因为这类公司有比较特殊的行业特征；④剔除数据缺失的公司。经过筛选，最终得到 480 家样本公司，4 年共有 1920 个观测值。本书的数据来自国泰君安数据库和色诺芬数据库。

一　相关性的检验模型

在上述六种方法中，由于 AT、EP 和 CAT 三种计量方法都是根据盈余（只不过是表达方式不同）来判断会计稳健性的，因此可将它们归属于同一类计量方法。本章通过检验也证明了这一点，这三种方法之间有着显著的正相关性。鉴于此，本章仅考察 AT、ACF、BTM 和 NA 之间的相关性。

1. 检验 AT 与 ACF 之间相关性的模型如下：

$$\frac{EPS_{it}}{p_{it-1}} = \alpha_0 + \alpha_1 \times DR_{it} + \alpha_2 ACC_{it} + \alpha_3 DR_{it} \times ACC_{it} + \beta_0 RET_{it} + \beta_1 RET_{it} \times$$

$$DR_{it} + \beta_2 RET_{it} \times ACC_{it} + \beta_3 RET_{it} \times DR_{it} \times ACC_{it} + \varepsilon_{it}$$

$$(4 - 7)$$

2. 检验 AT 与 BTM 之间相关性的模型如下：

$$\frac{EPS_{it}}{p_{it-1}} = \alpha_0 + \alpha_1 \times DR_{it} + \alpha_2 MTB_{it} + \alpha_3 DR_{it} \times MTB_{it} + \beta_0 RET_{it} + \beta_1 RET_{it} \times$$

$$DR_{it} + \beta_2 RET_{it} \times MTB_{it} + \beta_3 RET_{it} \times DR_{it} \times MTB_{it} + \varepsilon_{it} \qquad (4-8)$$

3. 检验 AT 和 NA[①] 之间相关性的模型如下：

$$\frac{EPS_{it}}{P_{it-1}} = \alpha_0 + \alpha_1 DR_{it} + \alpha_2 NA_{it} + \alpha_3 DR_{it} \times NA_{it} + \beta_0 RET_{it} + \beta_1 RET_{it} \times DR_{it} +$$

$$\beta_2 RET_{it} \times NA_{it} + \beta_3 RET_{it} \times DR_{it} \times NA_{it} + \varepsilon_{it} \qquad (4-9)$$

4. 检验 ACF 与 AT 之间相关性的模型如下：

$$ACC_{it} = \alpha_0 + \alpha_1 \times DCFO_{it} + \alpha_2 EPS_{it}/P_{it} + \alpha_3 DCFO_{it} \times EPS_{it}/P_{it} + \beta_0 CFO_{it}$$

$$+ \beta_1 CFO_{it} \times DCFO_{it} + \beta_2 CFO_{it} \times EPS_{it}/P_{it} + \beta_3 CFO_{it} \times DCFO_{it} \times EPS_{it}/P_{it} +$$

$$\varepsilon_{it} \qquad (4-10)$$

5. 检验 ACF 与 BTM 之间相关性的模型如下：

$$ACC_{it} = \alpha_0 + \alpha_1 \times DCFO_{it} + \alpha_2 MTB_{it} + \alpha_3 DCFO_{it} \times MTB_{it} + \beta_0 CFO_{it} + \beta_1$$

$$CFO_{it} \times DCFO_{it} + \beta_2 CFO_{it} \times MTB_{it} + \beta_3 CFO_{it} \times DCFO_{it} \times MTB_{it} + \varepsilon_{it} \qquad (4-11)$$

6. 检验 ACF 与 NA 之间相关性的模型如下：

$$ACC_{it} = \alpha_0 + \alpha_1 \times DCFO_{it} + \alpha_2 NA_{it} + \alpha_3 DCFO_{it} \times NA_{it} + \beta_0 CFO_{it} + \beta_1 CFO_{it}$$

$$\times DCFO_{it} + \beta_2 CFO_{it} \times NA_{it} + \beta_3 CFO_{it} \times DCFO_{it} \times NA_{it} + \varepsilon_{it} \qquad (4-12)$$

7. 为了检验 BTM 与 NA 之间的相关性，本书借鉴 Wang（2009）的做法，采用 Pearson 系数和 Spearman 系数。

二 可靠性的检验思路

借鉴 Givoly 等（2007）的做法，本章按照如下思路来检验上述六种计量方法的可靠性：首先，根据 Wang 等（2009）关于会计稳健性需求的信号假说[②]，本章选择综合杠杆系数（经营杠杆系数×财务杠杆系数）作

---

① 为了各个指标之间以及年度之间的可比性，采用期初总资产对 NA 值进行标准化处理，并且采用以当年为基准，前后三年的平均值的负数替代 NA 的当年实际值（Lara et al., 2009；Ahmed and Duellman, 2007）。

② Wang 等（2009）认为，债务市场信号模型存在一个占优的分离均衡，在该均衡下，低风险企业选择高水平的稳健性，而高风险企业选择低水平稳健性。作为一个信号机制，会计稳健性能够在签订债务契约之前将关于公司风险的私有信息传递给借款人，通过降低债务市场的信息不对称而使借贷双方受益。

为衡量企业总风险的指标。其次，根据综合杠杆系数的大小将企业分为高低两组，即综合杠杆系数高于平均值的企业为高风险组，否则为低风险组。根据 Wang 等（2009）的信号假说，高风险组意味着选择了低水平的会计稳健性，而低风险组意味着选择了高水平的会计稳健性。最后，用不同计量方法分别对这两组企业进行检验，如果检验结果一致，说明该计量方法的可靠性高，反之亦然。

第四节 实证分析

一 相关性的实证分析

表 4 - 3 是检验 AT、ACF、BTM 和 NA 这四种计量方法之间相关性的结果。由此表可见：AT 与 BTM、ACF 与 BTM、BTM 与 NA 之间均呈正相关，说明这三组中两种计量方法之间具有同一性或相似性，遵循成本效益原则，不可以同时加以采用。除此之外，其他计量方法之间均呈负相关或不相关，说明可以同时加以采用。

表 4 - 3   相关性的实证结果表

	AT	ACF	BTM	NA
AT		-0.015^{***} （a） 0 （-2.76）	0.245^{***} （b） （2.59）	-0.213 （c） （-1.53）
ACF	-0.016^{***} （d） （-2.74）		0.015^{***} （e） （3.01）	-0.125 （f） （-0.98）
BTM				$+0.124^{***}$ （g2） （2.65）
NA			$+0.105^{***}$ （g1） （2.68）	

注：① （a）至（f）的值分别是模型（4 - 7）至（4 - 12）中的 β_3 的值，代表了两种计量方法之间的相关性。（g1）和（g2）的值分别是 BTM 和 NA 的 Pearson 系数和 Spearman 系数。②括号内为 t 值，*表示 10% 的显著性水平，**表示 5% 的显著性水平，***表示 1% 的显著性水平。

二　可靠性的实证分析

表4-4是检验上述六种计量方法之可靠性的结果。由此表可见，采用 AT 和 ACF 对高风险组和低风险组的检验结果分别是会计稳健性低和会计稳健性高，符合 Wang 等（2009）的信号假说，说明这两种计量方法的可靠性较高。其他方法对高风险组和低风险组的检验结果没有差异，说明这些方法的可靠性可能较低。

表4-4　　　　　　　　　　可靠性的实证结果表

模型	衡量会计稳健性指标	高风险组（样本公司为 281 家）	低风险组（样本公司为 199 家）
AT	β_1	-0.632	1.602**
		(-0.62)	(2.53)
EP	β_1	0.109	0.177
		(1.22)	(1.64)
CAT	β_1	0.059	0.139
		(1.33)	(1.12)
ACF	β_1	-0.021*	0.201***
		(-1.97)	(3.18)
BTM	α_t	0.028	0.002
		(1.16)	(1.23)
NA	Nopacc	0.023	0.205

注：①在 BTM 模型中，本书采用固定效应模型对数据进行实证回归，控制了样本异方差和截面相关，则得出的截距项即为公司的固定效应（α_t）。②衡量会计稳健性指标的结果采用的是模型（4-1）—（4-6）。③括号内为 t 值，* 表示10%的显著性水平，** 表示5%的显著性水平，*** 表示1%的显著性水平。

第五节　研究结论

在上述六种计量会计稳健性的方法中孰优孰劣以及如何加以合理地应

用，是会计稳健性实证研究中必须首先解决的一个关键性问题。本章以2007—2010 年深沪两市 A 股上市公司的数据为研究样本，从相关性和可靠性两个方面对不同计量方法的比较和选择问题进行了实证研究。结果表明：从相关性看，AT 与 BTM、ACF 与 BTM、BTM 与 NA 之间均呈正相关，说明这三组中两种计量方法不可以同时加以采用，其他计量方法之间均呈负相关或不相关，说明可以同时加以采用；从可靠性看，在上述六种计量方法中，AT 和 ACF 这两种计量方法的可靠性较高，具有比较优势。这些研究结论的启示意义在于：在会计稳健性的实证研究中，一方面要选择 AT、ACF 等可靠性较高的计量方法；另一方面要同时使用负相关或不相关的计量方法，以便相互补充和加以验证。

第六节　本章小结

1. 本章主要是为了解决如何合理有效地选择会计稳健性的计量问题。学术界关于会计稳健性的计量方法主要有盈余—股票报酬计量法（AT）、盈余持续性计量法（EP）、多期间累积的盈余—股票报酬计量法（CAT）、应计—现金流计量法（ACF）、净资产账面与市场价值比率法（BTM）和负累积应计项目计量法（NA）。如何在实证研究中合理地应用这些方法？这一问题如果不能很好地解决，就难以得出有效的实证研究结果。

2. 为了解决上述问题，本章首先回顾了会计稳健性这几种计量方法的思路和相应模型，然后以 2007—2010 年深沪两市 A 股上市公司的数据为研究样本，从相关性和可靠性两个方面考察了对不同计量方法如何进行比较和选择之问题。

3. 研究结果表明：AT 与 BTM、ACF 与 BTM、BTM 与 NA 之间不可以同时加以采用，其他计量方法之间可以同时加以采用；在各种会计稳健性计量方法中，AT 和 ACF 的可靠性较高，具有比较优势。

本章研究结论对本书正确地选择会计稳健性的计量方法，从而进行会计稳健性的实证研究具有很重要的启示意义。因此，本书在第五章、第六章和第七章的实证研究中首先选用的是 Basu（1997）的股票—盈余报酬法即 AT 模型，然后采用了 Ball 和 Shivakumar（2005）的应计—现金流法即 ACF 模型对实证结果进行了稳健性检验。

第五章 会计稳健性中管理者
固定效应的实证研究

第一节 问题提出

目前学术界对会计稳健性的研究主要集中在会计稳健性的计量方法、影响因素和经济后果等方面，并取得了许多创造性的理论成果。其中，关于会计稳健性的影响因素，现有文献表明，公司契约尤其是融资契约、法律诉讼、政府管制、税收政策、公司治理、公司特征、政治关系、经济发展水平等因素都会影响会计稳健性。然而现有文献大多是从契约、公司治理和公司特征等方面研究对会计稳健性的影响，很少有文献研究管理者的固定效应对会计稳健性的影响。然而 Titman 和 Wessels（1988）、Smith 和 Watts（1992）以及 Bradley 等（1984）研究发现，将时间、行业和企业因素控制后，还有很多无法解释的因素影响着企业行为。然而，在现实中这种影响却是不可忽视的。现代企业的一个基本特征就是所有权与控制权相分离，管理者拥有企业控制权。因此，管理者对企业行为及业绩便有着决定性的影响，而这种影响会首先表现在会计行为方面，因为会计信息作为一种通用的"商业语言"，是企业决策以及企业与各利益相关者之间是否签订契约，是否执行契约、是否修订契约的重要依据，在会计政策选择的过程中，管理者可能从自身利益出发选择有利于自己而不利于各利益相关者或企业的会计政策，从而影响会计稳健性。不过，管理者对会计稳健性的影响对于不同性别、年龄、学历、教育背景和任期等背景特征的管理者而言却可能存在较大的差异。人们之所以关注管理者背景特征对企业行为及业绩的影响，是因为在现实中管理者并非总是理性的，其行为选择要受到个人的过度自信、"嫉妒"心理、"损失规避"心理、短视行为和实证偏见等心理偏差的影响，而这些心理偏差与个人的背景特征紧密相连。会计稳健性是会计信息质量的一个衡量指标，而会计信息质量直接影响到以公司经营业绩为基础的各利益相关者（特别是管理者）的行为。Hambrick 和 Mason（1984）提出的高阶管理理论认为，管理者的团队特征（年龄、任期、职业、教育背景等方面）影响着管理者的行为。Bertrand 和 Scholar（2003）首次利用管理者固定效应模型检验了管理者固定效应对公司投资、融资、组织活动的影响。研究结果表明，企业决策在很大程度上受制于管理者固定效应，而管理者固定效应又取决于企业投资、融资以及组织活动的异质性。Ge 等（2009）研究表明，管理者的个人背景特征显著影响公司操作性应计、资产负债表外项目以及保守等会计行为。Brochet 等（2009）建议，理论研究应该探讨会计信息披露政策变化与管理者风格的系统相关。Bamber 等（2010）研究发现，管理者固定效应会影响公司财务报告的自愿披露行为。Dyreng 等（2010）研究发现，管理者固定效应会影响公司的避税行为。Kachelmeier（2010）认为，在企业中是人制定决策而不是公司作出决策，因此相关决策都打上了参与人特征的烙印，会计研究应重视人的特征。这些研究成果表明管理者固定效应会对企业的会计稳健性产生影响，但现有文献对此缺乏深入研究。

因此，本章通过追踪 2007—2010 年不同管理者在不同公司的行为，建立管理者与企业配对的面板数据，研究将时间、行业和企业因素控制后管理者固定效应对会计稳健性的影响程度和方式，以探究管理者固定效应能否用来解释会计稳健性问题中上述无法解释的影响因素，以期从全新的视角开展对会计稳健性的研究。

第二节　研究设计

一　样本选择与数据来源

本章建立了管理者与企业的配对面板数据，并且将管理者样本局限于其职务在不同企业间有变迁的情况。本章的研究样本为 2007—2010 年深沪两市 A 股上市公司，并按照下列标准加以筛选：①剔除当年 IPO 的公司，因为这类公司的当年会计盈余与其他年份的差异较大；②剔除 ST 和 * ST 公司，因为这些公司已连续亏损两年以上，面临着退市危险，若将其纳入研究样本，可能会影响研究结论的可靠性和一致性；③剔除金融类公司，因为这类公司有比较特殊的行业特征；④剔除管理者数据缺失的公司。经过筛选，4 年共有 1920 个样本。其中，国有上市公司共有 1308 个样本，非国有上市公司共有 612 个样本。通过进一步整理，得出 518 位任职于两家及以上公司的管理者。本章的数据来自国泰安数据库、色诺芬数据库和新浪网财经频道（http：//finance. sina. com. cn）等数据库和网站以及手工收集。

二 变量解释

(一) 会计稳健性

随着会计研究方法由规范研究向实证研究的转变，Basu（1997）对会计稳健性提出了一个描述性定义，即在财务报告中确认"好消息"（收益）比"坏消息"（损失）需要更多的保证。该定义反映了会计稳健性对收益和损失的非对称性处理。目前学术界关于会计稳健性的计量方法主要有：盈余—股票报酬计量法；盈余持续性计量法；多期间累积的盈余—股票报酬计量法；应计—现金流计量法；净资产账面与市场价值比率法；负累积应计项目计量法。本章选用 Basu（1997）的会计盈余—股票报酬法来计量会计稳健性[①]。Basu（1997）衡量会计稳健性的模型如下：

$$\frac{EPS_{i,t}}{p_{i,t-1}} = \beta_0 + \beta_1 \times DR_{i,t} + \beta_2 RET_{i,t} + \beta_3 RET_{i,t} \times DR_{i,t} + \varepsilon_{i,t} \qquad (5-1)$$

式中：$EPS_{i,t}$ 表示 i 公司在 t 年度的每股收益；$P_{i,t-1}$ 表示 i 公司在 t 年初的股票开盘价；$RET_{i,t}$ 表示 i 公司在 t 年度的股票报酬率，且 $RET_{i,t} = \prod_{j=1}^{12}(1 + RET_{ij}) - 1$（$RET_{ij}$ 表示 i 公司在 j 月的股票报酬率），其正负分别代表"好消息"和"坏消息"；$DR_{i,t}$ 为虚拟变量，当 $RET_{i,t} < 0$ 时取值为 1，否则为 0；ε 表示随机误差。

---

① 各种方法的比较见本书第四章。

Basu（1997）模型是根据 β_3 来衡量会计稳健性的程度。β_2 表示会计盈余对"好消息"（正的年度股票报酬率）的反应系数，（$\beta_2 + \beta_3$）表示会计盈余对"坏消息"（负的年度股票报酬率）的反应系数，那么，就可以根据 β_3 是否大于零来判断公司是否存在会计稳健性。当 $\beta_3 > 0$ 时，表明会计盈余对"坏消息"的反应系数大于对"好消息"的反应系数，即公司存在会计稳健性。

（二）管理者固定效应

由于所获得的数据和精力有限，本章选择跟踪了几位有代表性的高管职位变迁情况，即董事长或总裁（CEO）、财务总监或财务负责人（CFO）和其他管理成员（Others），其中其他管理成员主要包括董事会秘书（董事会成员）、监事会主席（监事会成员）和总经理。管理者固定效应指的是管理者本身所具有的，不随时间、行业和所服务的企业变化的个人特质或特性。本章具体可分为董事长固定效应，财务总监固定效应和其他管理者固定效应。

（三）控制变量

根据以往相关研究，本章考虑如下控制变量对会计稳健性的影响：管理层规模（Bertrand 和 Schoar，2003；Walker 和 Carpenter，2004）、公司规模（Watts and Zimmerman，1978；赵德武等，2008）、资产负债率（Beatty and Webber，2006；李琳，2010）、盈利能力（Roychowdhury and Watts，2007；朱松和夏冬林，2009）、管理者持股比例（Bai et al.，2004；温章林，2010）。此外，还控制了行业和年度效果的影响。以上所有变量的具体描述和定义见表 5-1。

表 5-1　　　　　　　　　　　变量定义

变量名称	变量符号	变量计算
管理者固定效应		
董事长固定效应	λ_{CEO}	对 CEO 设置虚拟变量，对于公司 i 时间 t，如果该管理者是 CEO，则赋值为 1，否则为 0
财务总监固定效应	λ_{CFO}	对 CFO 设置虚拟变量，对于公司 i 时间 t，如果该管理者是 CFO，则赋值为 1，否则为 0
其他管理者固定效应	λ_{Others}	对 Others 设置虚拟变量，对于公司 i 时间 t，如果该管理者是 Others，则赋值为 1，否则为 0

续表

变量名称	变量符号	变量计算
		控制变量（$Controlvarables_{i,t}$）
管理层规模	$Msize$	公司年报中披露的所有管理者人员个数
公司规模	$Size$	公司年末总资产账面价值的自然对数
资产负债率	$Debt$	公司年末债务账面总价值与资产账面总价值之比
盈利能力	ROA	公司的总资产收益率
管理者持股	$Gshare$	公司管理者持股比例
年度	$Year$	以 2007 年为基准年，设立 3 个虚拟变量
行业	$Indu$	按照 2001 年 4 月中国证监会颁布的《上市公司行业分类指引》，将所有上市公司分为 21 个行业（剔除了金融类上市公司），除了将制造业按二级代码分类外，其余行业按一级代码分类。共设立 20 个虚拟变量

三 模型建立

为了研究管理者固定效应对会计稳健性的影响，建立的回归模型如下：

$$\frac{EPS_{i,t}}{P_{i,t-1}} = \alpha_0 + \beta_1 DR_{i,t} + \beta_2 RET_{i,t} + \beta_3 RET_{i,t} \times DR_{i,t} + \lambda_{CEO} + \lambda_{CFO} + \lambda_{Others} +$$

$$Controlvarables_{i,t} + \varepsilon_{i,t} \qquad (5-2)$$

式中：α_0 为截距项；λ_{CEO} 为董事长固定效应；λ_{CFO} 为财务总监固定效应；λ_{Others} 为其他管理者固定效用；$Controlvarables_{i,t}$ 为控制变量；$\varepsilon_{i,t}$ 为残差项。其余变量定义见模型（5-1）。

第三节 实证分析

一 描述性统计

表 5-2 是管理者在不同公司的职务变迁情况表。第一行数据为管理者在不同公司间的具体变迁情况，第二行数据为管理者跨行业的变迁比例。由第一行数据可见，在 500 余个管理者样本中，CEO 的跨企业变迁

情况为：115 个从 CEO 变迁为 CEO，9 个从 CEO 变迁为 CFO，49 个从 CEO 变迁为 Others；CFO 的跨企业变迁情况为：6 个从 CFO 变迁为 CEO，60 个从 CFO 变迁为 CFO，32 个从 CFO 变迁为 Others；Others 的跨企业变迁情况为：104 个从 Others 变迁为 CEO，143 个从 Others 变迁为 Others，样本中没有 Others 变迁为 CFO。由第二行数据可见，管理者跨行业变迁比例较大。CEO 跨行业变迁比例为 62%，CFO 为 72%，而其他管理者只有 43%。从这些数据可知，CFO 和 CEO 职位对一般管理技巧要求较高，而不太要求他们了解行业和企业专业知识。

表 5 - 2　　　　　　　　　管理者职位变迁情况表

单位：个,%

	CEO	CFO	Others
CEO	115	9	49
	(62)	(82)	(70)
CFO	6	60	32
	(70)	(72)	(56)
Others	104	0	143
	(59)	0	(43)

二　实证结果分析

表 5 - 3 是管理者固定效应影响会计稳健性的实证结果表。由此表可见，基准测试结果中 AdjR^2 的值为 31%，考虑董事长固定效应后 AdjR^2 增加到 43%，方程拟合度调高了 12%；考虑财务总监固定效应后方程 AdjR^2 增加到 45%，考虑董事长、财务总监、其他管理者这三类管理者固定效应后方程 AdjR^2 增加到 48%，以上方程拟合度都有不同程度的增加。实证结果表明管理者固定效应对会计稳健性有显著影响。

表 5 - 3　　　管理者固定效应对会计稳健性影响的实证结果表

	(1)	(2)	(3)	(4)
Intercept	0. 124 ***	0. 125 ***	0. 112 ***	0. 111 **
	(4. 23)	(4. 34)	(2. 60)	(2. 32)

续表

	(1)	(2)	(3)	(4)
DR	− 0.015	− 0.012	− 0.013	− 0.012
	(− 0.95)	(− 0.84)	(− 0.83)	(− 0.75)
RET	0.012 **	0.010 **	0.013	0.010
	(2.32)	(2.02)	(1.02)	(1.34)
DR × *RET*	0.002 *	0.032 **	0.011	0.012 **
	(1.98)	(2.25)	(1.03)	(2.01)
$Control varables_{i,t}$	YES	YES	YES	YES
$AdjR^2$	0.31	0.43	0.45	0.48
样本数	1920	1920	1920	1920

注：①第一列数据是基准测试的实证结果，其后三列分别为依次加上董事长固定效应、财务总监固定效应和其他管理者固定效应后的实证结果。②括号内为 t 值，* 表示 10% 的显著性水平，** 表示 5% 的显著性水平，*** 表示 1% 的显著性水平。

第四节 研究结论

本章以中国深沪 A 股上市公司数据为基础，实证研究了管理者固定效应对企业会计稳健性的影响。实证结果表明，管理者固定效应（董事长固定效应、财务总监固定效应和其他管理者固定效应）在很大程度上影响着会计稳健性。

第五节 本章小结

1. 本章主要是为了实证检验管理者固定效应对会计稳健性影响的问题。现有文献大多是从契约、公司治理和公司特征等方面研究对会计稳健性的影响，很少有文献研究管理者的固定效应对会计稳健性的影响。然而相关作者研究发现，将时间、行业和企业因素控制后，还有很多无法解释的因素影响着企业行为。Bertrand 和 Scholar（2003）、Ge 等（2009）、Bamber 等（2010）、Dyren 等研究发现，管理者固定效应对公司投资、融资、组织活动、公司操作性应计、资产负债表外项目、公司财务报告的自愿披露行为、公司的避税行为等都有影响。会计稳健性是会计信息质量的一个衡量指标，而会计信息质量直接影响到以公司经营业绩为基础的各利益相关者（特别是管理者）的行为。这些研究成果表明管理者固定效应会对企业的会计稳健性产生影响，但现有文献对此缺乏深入研究。

2. 为了解决上述问题，本章通过追踪 2007—2010 年不同管理者在不同公司的行为，建立管理者与企业配对的面板数据，研究将时间、行业和企业因素控制后管理者固定效应对会计稳健性的影响程度和方式，以探究管理者固定效应能否用来解释会计稳健性问题中上述无法解释的影响因素，以期从全新的视角开展对会计稳健性的研究。

3. 本书的实证结果表明，管理者固定效应（董事长固定效应、财务总监固定效应和其他管理者固定效应）在很大程度上影响着会计稳健性。

本章的研究主要是从总体上判断基于管理者个人的固有特性对会计稳健性的影响，为第六章、第七章和第八章的更进一步研究提供了基础。

第六章　管理者团队平均水平和异质性
影响会计稳健性的实证研究

第一节　问题提出

本书第五章，主要实证检验了在控制时间因素、行业因素和企业因素外，因管理者自身固有的特性对会计稳健性的影响，实证结果表明，管理者的固有特性对会计稳健性有着显著的影响。但是，管理者都有哪些特征可以影响会计稳健性？影响的方向和程度如何？这是本章进一步需要考察的问题。高阶理论认为，由于企业环境的不确定性和复杂性以及决策信息的多元化和异质性，因此考察管理者团队背景特征比考察管理者个人背景特征对企业行为及绩效的影响更有解释力（Hambrick and Maton，1984；Leifter and Mills，1996）。虽然许多企业的高层管理者有很大的权力，但面对极为复杂和动态的环境，高层管理者个人很难把握对企业有利的准确信息，所以一般企业高层管理者之间愿意分享权利和任务从而形成一个完整的决策团队，这种团队决策往往会提高公司决策质量，且团队行为的融合可以进行信息交换、互相合作等，会带来团队的思考，改善组织的绩效，特别是面对新生事物时团队效果会更加明显。该理论关于管理者团队背景特征的研究主要集中在两个方面：一是管理者团队背景特征的平均水平，即管理者团队在某些特征上的平均水平，如平均性别、平均年龄、平均学历和平均任期等；二是管理者团队背景特征的异质性，即管理者团队在某些特征上的差异性，如性别异质性、年龄异质性、学历异质性和任期异质性等。因此，本章以高阶理论为基础，从这两个方面考察管理者团队背景特征对会计稳健性的影响。另外，由于目前我国资本市场还存在两类产权性质不同的国有和非国有上市公司，它们在许多行为方面存在较大的差异（徐莉萍等，2006；张兆国等，2008），因此本章还将区分公司的产权性质，考察国有和非国有上市公司的管理者团队背景特征对会计稳健性的影响。

第二节　研究设计

一　样本选择与数据来源

同第五章样本选择与数据来源部分。

二　变量解释

（一）会计稳健性

同第五章变量解释会计稳健性部分。

（二）管理者团队背景特征

本书将管理者界定为董事会成员、监事会成员以及两会成员之外的总经理（或总裁）、副总经理（或副总裁）、财务总监（或财务负责人）和总经济师等高管人员。对管理者团队背景特征的衡量包括管理者团队背景特征的平均水平和异质性两个方面。管理者团队背景特征的平均水平是指管理者团队在某些特征上的平均水平，包括平均性别、平均年龄、平均学历和平均任期。对这些变量均采用算术平均法计算。管理者团队背景特征的异质性是指管理者团队在某些特征上的差异性，包括性别异质性、年龄异质性、学历异质性和任期异质性。由于这些变量均为连续变量，因此采用标准差系数法加以计算。

（三）控制变量[①]

同第五章控制变量部分。

---

① 以往研究在盈余—股票报酬模型或应计—现金流关系模型中加入控制变量时，需要将控制变量与模型中的各项进行交乘，但过多交乘项容易使模型产生多重共线性等计量问题。本书在处理这一问题时，是将以前已得到实证研究结论的影响因素直接放到模型中进行控制。第七章控制变量同此处理。

以上所有变量的具体描述和定义见表 6-1。

三 模型建立

为了考察管理者团队背景特征的平均水平对会计稳健性的影响，本章建立模型（6-1）。其中 M 的名称和计算见表 6-1，其余变量的含义同模型（5-1）。

表 6-1 　　　　　　　　　　　　　变量定义

变量名称	变量符号	变量计算
管理者团队背景特征的平均水平（M）		
管理者团队的平均性别	Mgend	公司管理者的男性人数/管理者总人数
管理者团队的平均年龄	Mage	公司管理者的年龄之和/管理者总人数
管理者团队的平均学历	Mdgre	公司管理者的学历水平之和/管理者总人数。其中，高中或中专以下为 1、大专为 2、本科为 3、硕士为 4、博士为 5
管理者团队的平均任期	Mten	公司管理者任现职的时间之和/管理者总人数
管理者团队背景特征的异质性（H）		
管理者团队的性别异质性	Hgend	公司管理者 Mgend 标准差/Mgend。
管理者团队的年龄异质性	Hage	公司管理者 Mage 标准差/Mage
管理者团队的学历异质性	Hdegr	公司管理者 Mdegr 标准差/Mdegr
管理者团队的任期异质性	Hten	公司管理者 Mten 标准差/Mten
控制变量		
管理层规模	Msize	公司管理者人数
公司规模	Size	公司年末资产账面价值的自然对数
资产负债率	Debt	公司年末负债账面价值与资产账面价值之比
盈利能力	ROA	公司年净利润与资产账面价值之比
管理者持股比例	Gshare	公司董事会成员、监事会成员和高级管理人员持股比例之和
年度	Year	以 2007 年为基准年，设立 3 个虚拟变量
行业	Indu	按照 2001 年 4 月中国证监会颁布的《上市公司行业分类指引》，将所有上市公司分为 21 个行业（剔除了金融类上市公司），除了将制造业按二级代码分类外，其余行业按一级代码分类。共设立 20 个虚拟变量

$$\frac{EPS_{it}}{P_{it-1}} = \beta_0 + \beta_1 DR_{it} + \beta_2 RET_{it} + \beta_3 RET_{it} \times DR_{it} + \beta_4 M_{it} + \beta_5 DR_{it} \times M_{it} + \beta_6$$

$$RET_{it} \times M_{it} + \beta_7 RET_{it} \times DR_{it} \times M_{it} + Controlvariables_{it} + \varepsilon \qquad (6-1)$$

为了考察管理者团队背景特征的异质性对会计稳健性的影响，本章建立如下模型（6-2）。其中 H 的名称和计算见表 6-1。

$$\frac{EPS_{i,t}}{P_{i,t-1}} = \beta_0 + \beta_1 DR_{i,t} + \beta_2 RET_{i,t} + \beta_3 RET_{i,t} \times DR_{i,t} + \beta_4 H_{i,t} + \beta_5 DR_{i,t} \times H_{i,t}$$

$$+ \beta_6 RET_{i,t} \times H_{i,t} + \beta_7 RET_{i,t} \times DR_{i,t} \times H_{i,t} + Controlvariables_{i,t} + \varepsilon \qquad (6-2)$$

第三节　实证研究

一　描述性统计

表 6-2 是管理者团队背景特征的描述性统计结果。从全样本公司看，管理者团队背景特征的平均水平是：85.1% 为男性；平均年龄为 46.845 岁；平均学历为 3.245，介于本科和研究生之间；平均任期为 3.519 年。管理者团队背景特征的异质性是：性别的异质性最大，说明各公司男女比重差异大；年龄的异质性最小，说明公司可能存在"论资排辈"的现象。

从国有上市公司与非国有上市公司的比较看，在管理者团队背景特征的平均水平方面，国有上市公司的男性比例、平均年龄、平均学历和平均任期均略高于非国有上市公司。在管理者团队背景特征的异质性方面，非国有上市公司的性别异质性、年龄异质性、学历异质性和任期异质性均略高于国有上市公司，这可能是因为与非国有上市公司相比，国有上市公司管理者团队相对稳定。

表6-2 描述性统计

变量	全样本 N = 1920 个				国有上市公司 N1 = 1308 个				非国有上市公司 N2 = 612 个			
	平均值	标准差	最小值	最大值	平均值	标准差	最小值	最大值	平均值	标准差	最小值	最大值
Mgend	0.851	0.363	0.350	1	0.874	0.192	0.5	1	0.838	0.212	0.350	1
Mage	46.845	3.068	37.011	59.333	47.701	3.784	37.231	59.333	45.623	3.089	37.011	57.420

续表

变量	全样本 N = 1920 个				国有上市公司 N1 = 1308 个				非国有上市公司 N2 = 612 个			
	平均值	标准差	最小值	最大值	平均值	标准差	最小值	最大值	平均值	标准差	最小值	最大值
Mdegr	3.245	0.362	1.191	4.263	3.185	0.346	1.210	4.263	3.077	0.382	1.191	4.154
Mten	3.519	0.431	0.083	6.875	3.623	0.433	0.083	6.875	3.617	0.280	0.083	6.722
Hgend	0.342	0.229	0	1.407	0.337	0.211	0	1.044	0.376	0.256	0	1.407
Hage	0.167	0.039	0.054	0.335	0.159	0.034	0.054	0.299	0.188	0.044	0.077	0.335
Hdegr	0.314	0.157	0.090	1.381	0.311	0.156	0.090	1.349	0.345	0.158	0.090	1.381
Hten	0.348	0.537	0	1.974	0.315	0.549	0	1.974	0.362	0.514	0	1.324

二 实证结果分析

为了更好地考察管理者团队背景特征对会计稳健性的影响，本章首先将团队各个变量单独放入模型，然后将所有变量放在同一模型中进行回归。

（一）管理者团队背景特征的平均水平与会计稳健性

运用模型（6-1）检验管理者团队背景特征的平均水平对会计稳健性的影响，其结果见表6-3和表6-4。

表6-3　　　全样本管理者团队背景特征的平均水平与会计稳健性

变量	全样本				
	(1)	(2)	(3)	(4)	(5)
Intercept	0.147***	0.139***	0.122***	0.141***	0.113***
	(7.30)	(3.88)	(5.95)	(8.46)	(3.31)
DR	-0.019	-0.143**	-0.030	-0.013	-0.153*
	(-0.54)	(-2.07)	(-1.00)	(-1.19)	(-1.95)
RET	0.021	0.043	0.007	0.012*	0.049
	(1.15)	(1.45)	(0.66)	(1.95)	(1.57)
RET × DR	0.118*	0.185*	0.001	0.024	0.208*
	(1.87)	(1.80)	(1.02)	(1.57)	(1.75)
Mgend	-0.018				-0.029
	(-0.84)				(-1.37)

续表

变量	全样本				
	(1)	(2)	(3)	(4)	(5)
$DR \times Mgend$	-0.008				-0.012
	(-0.20)				(-0.29)
$RET \times Mgend$	0.013				0.025
	(1.60)				(1.13)
$RET \times DR \times Mgend$	-0.212***				-0.192**
	(-2.46)				(-2.23)
$Mage$		0.001			0.001
		(0.73)			(1.08)
$DR \times Mage$		-0.003*			-0.003*
		(-1.92)			(-1.86)
$RET \times Mage$		-0.001*			-0.001**
		(-1.80)			(-2.11)
$RET \times DR \times Mage$		0.004*			0.003*
		(1.69)			(1.65)
$Mdegr$			0.012***		0.014***
			(3.35)		(3.43)
$DR \times Mdegr$			-0.006		-0.008
			(-0.69)		(-0.93)
$RET \times Mdegr$			-0.006**		-0.009**
			(-1.69)		(-2.01)
$RET \times DR \times Mdegr$			0.008**		0.090*
			(2.04)		(1.67)
$Mten$				0.001	0.002
				(0.28)	(0.87)
$DR \times Mten$				-0.001	-0.001
				(-0.19)	(-0.26)
$RET \times Mten$				-0.001	-0.003
				(-1.52)	(-1.26)
$RET \times DR \times Mten$				0.009*	0.004*
				(1.79)	(1.72)

续表

变量	全样本				
	(1)	(2)	(3)	(4)	(5)
Msize	-0.001*	-0.001*	-0.001	-0.001	-0.001
	(-1.65)	(-1.84)	(-1.42)	(-1.62)	(-1.48)
Size	0.006***	0.006***	0.007***	0.006***	0.007***
	(8.34)	(7.93)	(8.46)	(8.39)	(8.30)
Debt	0.020***	0.020***	0.020***	0.020***	0.020***
	(3.95)	(3.92)	(4.00)	(3.97)	(3.80)
ROA	0.567***	0.569***	0.569***	0.569***	0.569***
	(15.16)	(15.38)	(15.50)	(15.39)	(15.53)
Gshare	-0.020***	-0.018***	-0.020***	-0.020***	-0.018***
	(-4.89)	(-4.51)	(-4.50)	(-4.90)	(-4.31)
Year	YES	YES	YES	YES	YES
Indu	YES	YES	YES	YES	YES
AdjR^2	0.562	0.564	0.563	0.560	0.569
F值	43.58	46.93	45.61	46.55	35.69
样本数（个）	1920	1920	1920	1920	1920

注：括号内为 t 值，*表示10%的显著性水平，**表示5%的显著性水平，***表示1%的显著性水平。

从全样本公司（表6-3）看，RET×DR×Mgend 的系数（-0.212）在1%的水平上显著为负，说明男性比例的增加会削弱会计稳健性。这一研究结论与 Boden 等（2000）所发现的女性企业家更谨慎，以及 Peng 和 Wei（2007）所发现的男性管理者更容易产生过度自信等研究结论相一致。RET×DR×Mage 的系数（0.004）和 RET×DR×Mten 的系数（0.009）均在10%的水平上显著为正，说明管理者的年龄和任期均会增强会计稳健性。这与 Carlsson 和 Karlsson（1970）、Vroom 和 Pahl（1971）、Taylor（1975）、Forbes（2005）、Fraser 和 Greene（2006）等所发现的年

表 6 - 4　不同产权背景下管理者团队背景特征的平均水平与会计稳健性

变量	国有上市公司					非国有上市公司				
	(1)	(2)	(3)	(4)	(5)	(1)	(2)	(3)	(4)	(5)
Intercept	0.125***	0.124***	0.114***	0.134***	0.105**	0.198***	0.135***	0.111***	0.153***	0.112**
	(4.25)	(3.14)	(4.44)	(6.04)	(2.25)	(5.63)	(2.60)	(3.93)	(5.48)	(2.12)
DR	-0.080	-0.197**	-0.029	-0.011	-0.244**	-0.054	0.004	-0.035	-0.015	0.073
	(-1.55)	(-2.11)	(-0.67)	(-0.61)	(-2.27)	(-1.14)	(0.04)	(-0.91)	(-0.88)	(0.52)
RET	0.008	0.030	0.007	0.014	0.046	0.044**	0.047	0.008	0.008	0.037
	(0.29)	(0.77)	(0.42)	(1.52)	(0.88)	(1.97)	(1.13)	(0.64)	(1.10)	(1.02)
RET × DRen	0.158*	0.313**	0.012	0.023	0.412**	0.014	0.084	0.030	0.016	0.212
	(1.85)	(2.22)	(1.17)	(1.18)	(2.47)	(0.19)	(0.58)	(0.49)	(0.58)	(1.00)
Mgend	-0.017				-0.003	-0.049				-0.057**
	(-0.57)				(-0.06)	(-1.64)				(-2.27)
DR × Mgend	-0.081				-0.056	-0.085				-0.085
	(-1.39)				(-0.84)	(-1.53)				(-1.64)
RET × Mgend	0.022*				0.003	0.041				0.044**
	(1.68)				(1.06)	(1.55)				(2.05)
RET × DRen × Mgend	-0.164***				-0.158***	-0.018***				-0.003***
	(-3.21)				(-2.98)	(-2.83)				(-2.65)
Mage		-0.001			-0.001		-0.001			-0.001
		(-0.30)			(-0.37)		(-0.45)			(-0.74)
DR × Mage		-0.004**			-0.004*		-0.001			-0.001
		(-2.04)			(-1.80)		(-0.23)			(-0.31)

续表

变量	国有上市公司					非国有上市公司				
	(1)	(2)	(3)	(4)	(5)	(1)	(2)	(3)	(4)	(5)
$RET \times Mage$		0.001			0.001		-0.001			-0.001*
		(1.04)			(1.01)		(-1.38)			(-1.69)
$RET \times DRen \times Mage$		-0.010**			-0.010*		0.030*			0.030*
		(-2.14)			(-1.86)		(1.85)			(1.82)
$Mdegr$			-0.010**		-0.011*			0.015***		0.019***
			(-2.09)		(-1.65)			(2.79)		(3.35)
$DR \times Mdegr$			-0.007		-0.006			-0.005		-0.006
			(-0.53)		(-0.48)			(-0.41)		(-0.43)
$RET \times Mdegr$			0.007		0.007			-0.006		-0.010*
			(1.53)		(1.04)			(-1.28)		(-1.93)
$RET \times DRen \times Mdegr$			0.001**		0.005**			0.019**		0.028**
			(2.03)		(2.01)			(2.43)		(2.12)
$Mten$				0.002	0.003				0.002	0.001
				(0.55)	(1.13)				(0.75)	(0.41)
$DR \times Mten$				-0.002	-0.001				-0.003	-0.005
				(-0.22)	(-0.10)				(-0.27)	(-0.46)
$RET \times Mten$				-0.002	-0.004				-0.001	-0.001
				(-1.49)	(-1.21)				(-1.12)	(-0.40)

续表

变量	国有上市公司					非国有上市公司				
	(1)	(2)	(3)	(4)	(5)	(1)	(2)	(3)	(4)	(5)
$RET \times DRen \times Mten$				-0.004* (-1.84)	-0.003* (-1.79)				0.008** (2.01)	0.008* (1.90)
$Msize$	-0.001 (-1.30)	-0.001 (-1.30)	-0.001 (-1.12)	-0.001 (-1.23)	-0.001 (-1.19)	-0.001 (-1.07)	-0.001 (-1.17)	-0.001 (-0.95)	-0.001 (-0.90)	-0.001 (-1.04)
$Size$	0.006*** (6.52)	0.006*** (5.75)	0.006*** (6.51)	0.006*** (6.26)	0.006*** (6.15)	0.008*** (5.41)	0.008*** (5.39)	0.007*** (5.39)	0.008*** (5.48)	0.007*** (5.30)
$Debt$	0.021*** (3.19)	0.021*** (3.06)	0.020*** (2.98)	0.021*** (3.10)	0.020*** (2.92)	0.021*** (2.66)	0.020*** (2.60)	0.022*** (2.83)	0.020*** (2.58)	0.021*** (2.75)
ROA	0.606*** (11.47)	0.606*** (11.49)	0.605*** (11.57)	0.606*** (11.49)	0.607*** (11.53)	0.522*** (9.35)	0.522*** (9.36)	0.523*** (9.34)	0.523*** (9.27)	0.524*** (9.39)
$Gshare$	-0.046 (-1.64)	-0.052* (-1.95)	-0.049* (-1.84)	-0.049* (-1.84)	-0.046* (-1.76)	-0.016*** (-3.48)	-0.014*** (-3.22)	-0.015*** (-3.27)	-0.016*** (-3.47)	-0.014*** (-3.06)
$Year$	YES	YES	YES	YES	YES	YES	YES	YES	YES	YES
$Indu$	YES	YES	YES	YES	YES	YES	YES	YES	YES	YES
Adj R^2	0.545	0.544	0.544	0.542	0.549	0.620	0.622	0.620	0.617	0.632
F 值	30.46	30.39	30.17	31.55	23.50	37.19	37.62	37.04	37.18	24.67
样本数(个)	1308	1308	1308	1308	1308	612	612	612	612	612

注:括号内为 t 值,* 表示 10% 的显著性水平,** 表示 5% 的显著性水平,*** 表示 1% 的显著性水平。

龄或任期越大的管理者越理性，其过度自信越小，越倾向于选择风险较小的政策之研究结论相一致。RET × DR × Mdegr 的系数（0.008）在 5% 的水平上显著为正，说明管理者的学历会增强会计稳健性。这与 Hambrick 等（1996）、Wiersema 和 Bantel（1992）所发现的学历越高的管理者其理性程度和认知能力越高之研究结论相一致。

通过比较国有上市公司和非国有上市公司的回归结果（表 6 - 4）可以看出，国有上市公司管理者团队的性别和平均学历对会计稳健性的影响与非国有上市公司不存在明显差异。国有上市公司管理者团队的平均年龄和平均任期对会计稳健性的影响显著为负，而非国有上市公司管理者团队的平均年龄和平均任期对会计稳健性的影响则显著为正。这可能是因为与非国有上市公司相比，由于国有上市公司是由国有企业改制而来，受政府干预较大，因此管理者随着年龄和任期的增大，为了服从政府的多元化目标以保住或迁升职位以及提高薪酬水平，就可能会放松对"好消息"的确认，而严格对"坏消息"的确认，从而造成净资产账面价值和会计盈余被高估，会计稳健性下降。

（二）管理者团队背景特征的异质性与会计稳健性

运用模型（6 - 2）检验管理者团队背景特征的异质性对会计稳健性的影响，其结果如表 6 - 5 和表 6 - 6 所示。

从全样本公司（表 6 - 5）看，性别异质性对会计稳健性的影响不显著，这可能是因为在所有样本公司中，男性管理者所占比重均很大。年龄异质性、学历异质性和任期异质性对会计稳健性的影响均显著为正，说明异质性越小，会计稳健性越大。其可能的解释是，按照社会同一性理论，由于异质性越小的管理者团队越容易形成共同的价值观，从而有利于提高企业决策水平，促使企业稳定发展（Crocker and Major，1989；Zenger and Lawrence，1989；Smith et al.，1994；Jehn et al.，1997），因此异质性越小的管理者团队就越有可能选择较稳健的会计政策。

通过比较国有上市公司和非国有上市公司的回归结果（表 6 - 6）可以看出，国有上市公司管理者团队的性别异质性和学历异质性对会计稳健性的影响与非国有上市公司不存在明显差异。国有上市公司管理者团队的年龄异质性和任期异质性对会计稳健性的影响显著为负，而非国有上市公司管理者团队的年龄异质性和任期异质性对会计稳健性的影响显著为正。这是一个有趣的现象，因为从社会同一性理论上看，国有上市公司的年龄异质性和任期异质性小于非国有上市公司，应该有助于提高会计稳健性，但实证的结果却与此相悖。其现实的解释可能是，与非国有上市公司相比，由于国有上市公司受政府的干预较大，因此管理者容易形成如下共同的价值观，即为了服从政府的多元化目标以保证自身利益而操纵会计政策。

表6-5　全样本公司管理者团队背景特征的异质性与会计稳健性

变量	全样本				
	（1）	（2）	（3）	（4）	（5）
Intercept	0.129 ***	0.135 ***	0.151 ***	0.141 ***	0.146 ***
	(8.41)	(7.21)	(8.47)	(9.12)	(7.36
DR	-0.015 *	-0.001	-0.001	-0.008	-0.009
	(-1.67)	(-0.06)	(-0.12)	(-1.07)	(-0.45)
RET	0.009 *	0.001	0.015 **	0.012 ***	0.005
	(1.66)	(1.16)	(2.22)	(4.23)	(1.61)
RET × DR	0.016	0.043	0.008	0.018 **	0.049
	(1.60)	(1.58)	(1.43)	(2.26)	(1.60)
Hgend	-0.004				-0.008
	(-0.48)				(-0.98)
DR × Hgend	0.012				0.016
	(0.73)				(1.03)
RET × Hgend	-0.002				-0.005
	(-0.23)				(-0.58)
RET × DR × Hgend	-0.008				-0.007
	(-0.26)				(-0.30)
Hage		-0.046			-0.050
		(-1.01)			(-1.12)
DR × Hage		-0.080			-0.072
		(-0.79)			(-0.72)

续表

变量	全样本				
	(1)	(2)	(3)	(4)	(5)
$RET \times Hage$		0.064			0.067*
		(1.57)			(1.67)
$RET \times DR \times Hage$		0.371**			0.359**
		(2.29)			(2.26)
$Hdegr$			−0.026**		−0.029**
			(−2.00)		(−2.35)
$DR \times Hdegr$			−0.041		−0.039
			(−1.27)		(−1.17)
$RET \times Hdegr$			−0.012		−0.014
			(−1.20)		(−1.46)
$RET \times DR \times Hdegr$			0.045**		0.030*
			(2.21)		(1.94)
$Hten$				−0.003	−0.004
				(−0.72)	(−0.84)
$DR \times Hten$				−0.008	−0.006
				(−0.63)	(−0.49)
$RET \times Hten$				−0.004	−0.004
				(−1.05)	(−1.18)
$RET \times DR \times Hten$				0.003*	0.001*
				(1.69)	(1.66)
$Msize$	−0.001	−0.001	−0.001	−0.001	−0.001
	(−1.60)	(−1.56)	(−1.61)	(−1.62)	(−1.47)
$Size$	0.006***	0.006***	0.006***	0.006***	0.006***
	(8.32)	(8.27)	(8.35)	(8.17)	(8.31)
$Debt$	0.021***	0.021***	0.020***	0.021***	0.021***
	(4.06)	(4.16)	(3.92)	(4.06)	(4.08)
ROA	0.569***	0.569***	0.568***	0.568***	0.568***
	(15.47)	(15.49)	(15.45)	(15.39)	(15.59)
$Gshare$	−0.019***	−0.022***	−0.020***	−0.020***	−0.020***
	(−4.53)	(−5.25)	(−4.93)	(−4.93)	(−4.84)
$Year$	YES	YES	YES	YES	YES
$Indu$	YES	YES	YES	YES	YES
$AdjR^2$	0.561	0.562	0.562	0.561	0.566
F 值	45.65	46.56	45.66	45.96	34.94
样本数（个）	1920	1920	1920	1920	1920

注：括号内为 t 值，*表示10%的显著性水平，**表示5%的显著性水平，***表示1%的显著性水平。

表6-6 不同产权背景下管理者团队背景特征的异质性与会计稳健性

变量	国有上市公司					非国有上市公司				
	(1)	(2)	(3)	(4)	(5)	(1)	(2)	(3)	(4)	(5)
Intercept	0.138***	0.115***	0.151***	0.134***	0.129***	0.154***	0.149***	0.160***	0.159***	0.159***
	(6.70)	(5.22)	(7.44)	(6.74)	(5.63)	(5.48)	(4.58)	(5.29)	(5.74)	(4.61)
DR	-0.002	-0.017	-0.017	-0.010	-0.001	-0.028***	-0.014	-0.028*	-0.007	-0.021
	(-0.11)	(-0.57)	(-0.78)	(-0.62)	(-0.02)	(-3.06)	(-0.58)	(-1.66)	(-0.71)	(-0.74)
RET	0.016**	0.015	0.022***	0.011***	0.006	0.002	0.001	0.007	0.014***	0.005
	(2.38)	(1.52)	(4.83)	(2.71)	(1.57)	(0.29)	(0.03)	(0.69)	(4.35)	(0.38)
RET×DRen	0.001	0.064	0.005	0.012	0.081**	0.033**	0.003	0.048*	0.026*	0.035
	(1.10)	(1.59)	(0.25)	(1.24)	(1.96)	(2.38)	(1.08)	(1.87)	(1.90)	(0.88)
Hgend	-0.005				-0.004	-0.012				-0.012
	(-0.42)				(-0.33)	(-1.01)				(-1.13)
DR×Hgend	-0.02				-0.007	0.035				0.036*
	(-0.87)				(-0.29)	(1.58)				(1.70)
RET×Hgend	-0.013				-0.003	-0.016				-0.014
	(-1.00)				(-0.18)	(-1.39)				(-1.50)
RET×DRen×Hgend	-0.04				-0.041	-0.021				-0.026
	(-1.03)				(-1.02)	(-0.64)				(-0.79)
Hage		-0.135*			-0.150*		-0.041			-0.03
		(-1.80)			(-1.95)		(-0.67)			(-0.50)
DR×Hage		-0.056			-0.098		-0.025			-0.008
		(-0.38)			(-0.66)		(-0.19)			(-0.06)

续表

变量	国有上市公司					非国有上市公司				
	(1)	(2)	(3)	(4)	(5)	(1)	(2)	(3)	(4)	(5)
$RET \times Hage$		0.180***			0.202***		-0.002*			-0.028
		(2.74)			(2.87)		(-1.77)			(-1.50)
$RET \times DRen \times Hage$		-0.302**			-0.372*		0.567***			0.506**
		(-2.03)			(-1.92)		(2.62)			(2.01)
$Hdegr$			-0.031***		-0.033***			0.020		0.031
			(-3.13)		(-2.70)			(0.81)		(1.46)
$DR \times Hdegr$			-0.071**		-0.071*			-0.033		-0.021
			(-2.05)		(-1.81)			(-0.70)		(-0.47)
$RET \times Hdegr$			-0.020***		-0.022**			-0.003		-0.005
			(-2.61)		(-2.08)			(-0.17)		(-0.37)
$RET \times DRen \times Hdegr$			0.084*		0.068*			0.073*		0.081*
			(1.78)		(1.72)			(1.93)		(1.82)
$Hten$				-0.001	-0.001				-0.012	-0.011
				(-0.25)	(-0.33)				(-1.50)	(-1.51)
$DR \times Hten$				-0.005	-0.012				-0.035*	-0.033
				(-0.48)	(-1.17)				(-1.67)	(-1.49)
$RET \times Hten$				-0.001	-0.001				-0.009*	-0.008*
				(-1.11)	(-1.09)				(-1.67)	(-1.72)

续表

变量	国有上市公司					非国有上市公司				
	(1)	(2)	(3)	(4)	(5)	(1)	(2)	(3)	(4)	(5)
$RET \times DRen \times Hten$				-0.003*	-0.012*				0.023**	0.023*
				(-1.85)	(-1.74)				(2.35)	(1.85)
Msize	-0.001	-0.001	-0.001	-0.001	-0.001	-0.001	-0.001	-0.001	-0.001	-0.001
	(-1.19)	(-1.27)	(-1.29)	(-1.27)	(-1.34)	(-0.99)	(-0.94)	(-1.17)	(-0.94)	(-1.07)
Size	0.006***	0.006***	0.006***	0.006***	0.006***	0.008***	0.008***	0.008***	0.007***	0.007***
	(6.38)	(6.38)	(6.56)	(6.15)	(6.66)	(5.50)	(5.34)	(5.40)	(5.32)	(5.28)
Debt	0.021***	0.021***	0.019***	0.021***	0.019***	0.021***	0.021***	0.021***	0.020***	0.022***
	(3.11)	(3.13)	(2.92)	(3.12)	(2.90)	(2.68)	(2.78)	(2.74)	(2.64)	(2.83)
ROA	0.605***	0.608***	0.603***	0.606***	0.603***	0.522***	0.522***	0.524***	0.523***	0.523***
	(11.46)	(11.63)	(11.52)	(11.48)	(11.65)	(9.30)	(9.30)	(9.35)	(9.25)	(9.24)
Gshare	-0.044	-0.052*	-0.052*	-0.053*	-0.051*	-0.016***	-0.016***	-0.015***	-0.015***	-0.015***
	(-1.54)	(-1.94)	(-1.91)	(-1.86)	(-1.91)	(-3.37)	(-3.50)	(-3.27)	(-3.34)	(-3.10)
Year	YES	YES	YES	YES	YES	YES	YES	YES	YES	YES
Indu	YES	YES	YES	YES	YES	YES	YES	YES	YES	YES
Adj R²	0.545	0.548	0.545	0.542	0.554	0.619	0.617	0.621	0.62	0.626
F值	30.63	30.16	30.35	30.64	23.50	37.43	37.10	36.44	38.00	24.83
样本数（个）	1308	1308	1308	1308	1308	612	612	612	612	612

注：括号内为 t 值，＊表示10%的显著性水平，＊＊表示5%的显著性水平，＊＊＊表示1%的显著性水平。

三 稳健性检验

本章采用应计—现金流法对上述实证结果进行了实证检验，实证结果见表 6 - 7—表 6 - 10。该方法的实证研究结果与盈余—股票报酬率法下的实证结果基本是一致的，因此上述研究结论是比较稳健的。

表 6 - 7 全样本公司管理者团队背景特征的平均水平与会计稳健性（应计—现金流法）

变量	全样本				
	(1)	(2)	(3)	(4)	(5)
$Intercept$	0.106 ***	0.109 ***	0.102 ***	0.101 ***	0.105 ***
	(2.90)	(3.09)	(3.94)	(3.15)	(3.23)
DR	-0.018	-0.113 **	-0.020	-0.012	-0.143 *
	(-0.53)	(-2.06)	(-1.00)	(-1.18)	(-1.98)
CFO	0.022	0.042	0.047	0.014 *	0.048
	(1.14)	(1.47)	(0.56)	(1.98)	(1.57)
$CFO \times DR$	0.118 *	0.286 *	0.013	0.014	0.118 *
	(1.93)	(1.90)	(1.22)	(0.97)	(1.86)
$Mgend$	-0.28				-0.031
	(-0.75)				(-1.37)
$DR \times Mgend$	-0.016				-0.012
	(-0.43)				(-0.28)
$CFO \times Mgend$	0.025				0.025
	(1.45)				(1.13)
$CFO \times DR \times Mgend$	-0.403 ***				-0.293 **
	(-2.49)				(-2.42)
$Mage$		0.012			0.001
		(0.46)			(1.08)
$DR \times Mage$		-0.012 *			-0.013 *
		(-1.94)			(-1.88)
$CFO \times Mage$		-0.011 *			-0.011 **
		(-1.82)			(-2.01)
$CFO \times DR \times Mage$		0.015 *			0.013 *
		(1.75)			(1.69)
$Mdegr$			0.023 ***		0.014 ***
			(3.14)		(3.33)

续表

变量	全样本				
	(1)	(2)	(3)	(4)	(5)
$DR \times Mdegr$			-0.006		-0.008
			(-0.68)		(-0.93)
$CFO \times Mdegr$			-0.016^{**}		-0.019^{**}
			(-1.78)		(-2.07)
$CFO \times DR \times Mdegr$			0.026^{**}		0.080^{*}
			(2.22)		(1.69)
$Mten$				0.011	0.012
				(0.29)	(0.27)
$DR \times Mten$				-0.013	-0.013
				(-0.29)	(-0.22)
$CFO \times Mten$				-0.022	-0.023
				(-1.41)	$(-1.42$
$CFO \times DR \times Mten$				0.006^{*}	0.003^{*}
				(1.75)	(1.75)
$Msize$	-0.021	-0.021	-0.021	-0.021	-0.021
	(-1.05)	(-1.04)	(-1.02)	(-1.02)	(-1.08)
$Size$	0.005^{***}	0.005^{***}	0.005^{***}	0.005^{***}	0.005^{***}
	(6.24)	(6.92)	(6.12)	(6.13)	(6.30)
$Debt$	0.120^{***}	0.121^{***}	0.120^{***}	0.120^{***}	0.122^{***}
	(3.75)	(3.72)	(3.70)	(3.77)	(3.70)
ROA	0.267^{***}	0.209^{***}	0.209^{***}	0.210^{***}	0.210^{***}
	(10.16)	(10.18)	(10.51)	(10.31)	(10.52)
$Gshare$	-0.021^{***}	-0.028^{***}	-0.028^{***}	-0.028^{***}	-0.019^{***}
	(-3.80)	(-3.51)	(-3.56)	(-3.96)	(-3.35)
$Year$	YES	YES	YES	YES	YES
$Indu$	YES	YES	YES	YES	YES
$AdjR^2$	0.562	0.544	0.543	0.565	0.505
F 值	40.51	40.23	40.51	40.12	34.63
样本数（个）	1920	1920	1920	1920	1920

注：括号内为 t 值，＊表示10%的显著性水平，＊＊表示5%的显著性水平，＊＊＊表示1%的显著性水平。

表6-8 不同产权背景下管理者团队背景特征的平均水平与会计稳健性（应计—现金流法）

变量	国有上市公司					非国有上市公司				
	(1)	(2)	(3)	(4)	(5)	(1)	(2)	(3)	(4)	(5)
Intercept	0.105*** (3.23)	0.024*** (3.24)	0.104*** (3.44)	0.133*** (3.04)	0.104** (3.25)	0.108*** (3.61)	0.105*** (3.60)	0.101*** (3.62)	0.103*** (3.43)	0.102** (3.13)
DR	-0.070 (-1.04)	-0.187 (-1.11)	-0.028 (-0.67)	-0.022 (-0.61)	-0.245 (-0.27)	-0.064 (-0.14)	0.064 (0.04)	-0.035 (-0.93)	-0.065 (-0.96)	0.072 (0.56)
CFO	0.002 (0.53)	0.032 (0.57)	0.017 (0.52)	0.017 (0.56)	0.026 (0.58)	0.042 (1.16)	0.047 (1.13)	0.048 (1.14)	0.048 (1.13)	0.047 (1.12)
CFO×DR	0.158 (1.15)	0.313 (1.22)	0.012 (1.17)	0.023 (1.18)	0.412 (1.17)	0.214 (0.19)	0.284 (0.18)	0.031 (0.19)	0.036 (0.18)	0.312 (0.16)
Mgend	-0.027 (-0.43)				-0.023 (-0.42)	-0.029 (-0.62)				-0.027 (-0.67)
DR×Mgend	-0.075 (-1.25)				-0.074 (-0.83)	-0.074 (-1.52)				-0.075 (-1.61)
CFO×Mgend	0.012* (1.79)				0.013 (1.05)	0.041 (1.55)				0.023** (2.02)
CFO×DR×Mgend	-0.223*** (-3.03)				-0.215*** (-3.01)	-0.218*** (-2.76)				-0.203*** (-2.75)
Mage		-0.021 (-0.43)			-0.001 (-0.37)		-0.021 (-0.45)			-0.021 (-0.44)
DR×Mage		-0.015** (-2.14)			-0.004* (-1.90)		-0.011 (-0.53)			-0.011 (-0.51)

续表

变量	国有上市公司					非国有上市公司				
	(1)	(2)	(3)	(4)	(5)	(1)	(2)	(3)	(4)	(5)
$CFO \times Mage$		0.001			0.001		-0.002			-0.002*
		(1.04)			(1.01)		(-1.21)			(-1.79)
$CFO \times DR \times Mage$		-0.011**			-0.011**		0.013*			0.013*
		(-2.01)			(-2.06)		(1.87)			(1.86)
$Mdegr$			-0.011**		-0.011**			0.011***		0.011***
			(-2.19)		(-2.05)			(2.76)		(2.75)
$DR \times Mdegr$			-0.006		-0.006			-0.005		-0.006
			(-0.53)		(-0.58)			(-0.41)		(-0.43)
$CFO \times Mdegr$			0.007		0.007			-0.006		-0.006
			(1.52)		(1.09)			(-1.28)		(-1.23)
$CFO \times DR \times Mdegr$			0.022**		0.021**			0.018**		0.018**
			(2.12)		(2.11)			(2.13)		(2.12)
$Mten$				0.022	0.021				0.022	0.021
				(1.52)	(1.53)				(0.75)	(0.48)
$DR \times Mten$				-0.002	-0.001				-0.003	-0.003
				(-0.22)	(-0.19)				(-0.27)	(-0.26)
$CFO \times Mten$				-0.002	-0.004				-0.002	-0.002
				(-1.39)	(-1.25)				(-1.12)	(-1.14)

续表

变量	国有上市公司					非国有上市公司				
	(1)	(2)	(3)	(4)	(5)	(1)	(2)	(3)	(4)	(5)
$CFO \times DR \times Mten$				-0.023*	-0.022*				0.006**	0.006*
				(-1.85)	(-1.80)				(2.12)	(2.09)
$Msize$	-0.002	-0.002	-0.002	-0.002	-0.002	-0.002	-0.002	-0.002	-0.002	-0.002
	(-1.01)	(-1.00)	(-1.02)	(-1.03)	(-1.09)	(-1.06)	(-1.07)	(-1.05)	(-1.03)	(-1.02)
$Size$	0.004***	0.004***	0.004***	0.004***	0.004***	0.005***	0.005***	0.005***	0.005***	0.005***
	(6.51)	(6.75)	(6.55)	(6.53)	(6.54)	(5.53)	(5.32)	(5.32)	(5.38)	(5.32)
$Debt$	0.021***	0.021***	0.020***	0.021***	0.020***	0.021***	0.020***	0.022***	0.020***	0.021***
	(3.19)	(3.06)	(2.98)	(3.10)	(2.92)	(2.86)	(2.80)	(2.82)	(2.88)	(2.85)
ROA	0.606***	0.606***	0.605***	0.606***	0.607***	0.322***	0.322***	0.323***	0.23***	0.323***
	(9.27)	(9.29)	(9.56)	(9.47)	(9.52)	(9.31)	(9.31)	(9.31)	(9.32)	(9.32)
$Gshare$	-0.046*	-0.052*	-0.046*	-0.045*	-0.042*	-0.021***	-0.021***	-0.021***	-0.021***	-0.021***
	(-1.94)	(-1.96)	(-1.94)	(-1.94)	(-1.96)	(-3.08)	(-3.02)	(-3.07)	(-3.07)	(-3.03)
$Year$	YES	YES	YES	YES	YES	YES	YES	YES	YES	YES
$Indu$	YES	YES	YES	YES	YES	YES	YES	YES	YES	YES
Adj R^2	0.541	0.541	0.541	0.542	0.541	0.520	0.522	0.520	0.517	0.532
F值	35.42	35.39	35.17	35.51	25.51	36.12	36.62	36.02	36.18	22.65
样本数（个）	1308	1308	1308	1308	1308	612	612	612	612	612

注：括号内为 t 值，*表示10%的显著性水平，**表示5%的显著性水平，***表示1%的显著性水平。

表6-9　全样本公司管理者团队背景特征的异质性与会计稳健性（应计—现金流法）

变量	全样本				
	（1）	（2）	（3）	（4）	（5）
Intercept	0.138***	0.134***	0.153***	0.140***	0.125***
	（2.80）	（3.22）	（3.48）	（3.11）	（3.37）
DR	-0.015*	-0.002	-0.001	-0.006	-0.009
	（-1.67）	（-0.06）	（-0.22）	（-1.07）	（-0.35）
CFO	0.009*	0.001	0.014**	0.012***	0.005
	（1.65）	（1.16）	（2.21）	（3.23）	（1.69）
CFO×DR	0.016	0.042	0.008	0.019**	0.049
	（1.60）	（1.58）	（1.43）	（2.36）	（1.60）
Hgend	-0.004				-0.008
	（-0.48）				（-0.98）
DR×Hgend	0.022				0.016
	（0.73）				（1.03）
CFO×Hgend	-0.012				-0.004
	（-0.28）				（-0.58）
CFO×DR×Hgend	-0.009				-0.017
	（-0.16）				（-0.36）
Hage		-0.045			-0.050
		（-1.01）			（-1.12）
DR×Hage		-0.080			-0.072
		（-0.78）			（-0.73）
CFO×Hage		0.064			0.067*
		（1.47）			（1.69）
CFO×DR×Hage		0.360**			0.369**
		（2.39）			（2.25）
Hdegr			-0.016**		-0.019**
			（-2.01）		（-2.25）

续表

变量	全样本				
	(1)	(2)	(3)	(4)	(5)
$DR \times Hdegr$			-0.041		-0.039
			(-1.27)		(-1.17)
$CFO \times Hdegr$			-0.012		-0.014
			(-1.20)		(-1.46)
$CFO \times DR \times Hdegr$			0.045**		0.031*
			(2.23)		(1.97)
$Hten$				-0.003	-0.004
				(-0.71)	(-0.84)
$DR \times Hten$				-0.008	-0.006
				(-0.63)	(-0.49)
$CFO \times Hten$				-0.004	-0.004
				(-1.05)	(-1.18)
$CFO \times DR \times Hten$				0.003*	0.002*
				(1.71)	(1.76)
$Msize$	-0.001	-0.001	-0.001	-0.001	-0.001
	(-1.00)	(-1.06)	(-1.01)	(-1.02)	(-1.07)
$Size$	0.005***	0.005***	0.005***	0.005***	0.005***
	(6.02)	(6.27)	(6.35)	(6.17)	(6.31)
$Debt$	0.021***	0.021***	0.020***	0.021***	0.021***
	(3.06)	(3.16)	(3.92)	(3.06)	(3.08)
ROA	0.569***	0.529***	0.528***	0.518***	0.518***
	(10.47)	(10.49)	(10.45)	(10.39)	(10.59)
$Gshare$	-0.020***	-0.022***	-0.021***	-0.020***	-0.020***
	(-3.53)	(-3.25)	(-3.93)	(-3.93)	(-3.84)
$Year$	YES	YES	YES	YES	YES
$Indu$	YES	YES	YES	YES	YES
Adj R^2	0.561	0.562	0.562	0.561	0.566
F 值	40.65	40.56	40.63	40.96	30.97
样本数（个）	1920	1920	1920	1920	1920

注：括号内为 t 值，＊表示 10% 的显著性水平，＊＊表示 5% 的显著性水平，＊＊＊表示 1% 的显著性水平。

表6－10 不同产权背景下管理者团队背景特征的异质性与会计稳健性（应计—现金流法）

变量	国有上市公司					非国有上市公司				
	(1)	(2)	(3)	(4)	(5)	(1)	(2)	(3)	(4)	(5)
Intercept	0.128***	0.115***	0.131***	0.134***	0.128***	0.154***	0.159***	0.161***	0.159***	0.159***
	(3.70)	(3.22)	(3.14)	(3.75)	(3.63)	(3.48)	(3.58)	(3.29)	(3.74)	(3.61)
DR	-0.002	-0.017	-0.017	-0.010	-0.001	-0.028***	-0.014	-0.028*	-0.007	-0.021
	(-0.11)	(-0.57)	(-0.78)	(-0.62)	(-0.02)	(-3.06)	(-0.58)	(-1.66)	(-0.71)	(-0.74)
CFO	0.015**	0.015	0.026***	0.011***	0.006	0.002	0.001	0.007	0.024***	0.005
	(2.39)	(1.52)	(3.83)	(2.71)	(1.57)	(0.29)	(0.03)	(0.69)	(3.35)	(0.38)
CFO×DR	0.001	0.064	0.005	0.012	0.081**	0.033**	0.003	0.048*	0.026*	0.035
	(1.10)	(1.59)	(0.25)	(1.24)	(1.96)	(2.38)	(1.08)	(1.87)	(1.90)	(0.88)
Hgend	-0.006				-0.004	-0.012				-0.012
	(-0.42)				(-0.33)	(-1.01)				(-1.13)
DR×Hgend	-0.02				-0.008	0.035				0.036*
	(-0.97)				(-0.29)	(1.58)				(1.70)
CFO×Hgend	-0.013				-0.003	-0.016				-0.014
	(-1.01)				(-0.19)	(-1.39)				(-1.55)
CFO×DR×Hgend	-0.04				-0.031	-0.021				-0.026
	(-1.04)				(-1.03)	(-0.64)				(-0.78)
Hage		-0.135*			-0.150*		-0.041			-0.03
		(-1.80)			(-1.95)		(-0.67)			(-0.50)
DR×Hage		-0.056			-0.098		-0.025			-0.008
		(-0.38)			(-0.66)		(-0.19)			(-0.06)

续表

变量	国有上市公司					非国有上市公司				
	(1)	(2)	(3)	(4)	(5)	(1)	(2)	(3)	(4)	(5)
$CFO \times Hage$		0.190*** (2.74)			0.202*** (2.87)		-0.002* (-1.77)			-0.028 (-1.50)
$CFO \times DR \times Hage$		-0.222** (-2.23)			-0.272* (-1.96)		0.367*** (2.64)			0.306** (2.09)
$Hdegr$			-0.031 (-0.13)		-0.033 (-0.70)			0.020 (0.81)		0.021 (1.46)
$DR \times Hdegr$			-0.081** (-2.06)		-0.071* (-1.81)			-0.032 (-0.70)		-0.021 (-0.47)
$CFO \times Hdegr$			-0.020*** (-2.61)		-0.022** (-2.08)			-0.003 (-0.17)		-0.005 (-0.37)
$CFO \times DR \times Hdegr$			0.085* (1.78)		0.088* (1.79)			0.093* (1.93)		0.091* (1.85)
$Hten$				-0.001 (-0.35)	-0.001 (-0.33)				-0.012 (-1.50)	-0.011 (-1.51)
$DR \times Hten$				-0.005 (-0.48)	-0.012 (-1.17)				-0.035* (-1.67)	-0.033 (-1.49)
$CFO \times Hten$				-0.002 (-1.11)	-0.002 (-1.09)				-0.008* (-1.65)	-0.008* (-1.72)

续表

变量	国有上市公司					非国有上市公司				
	(1)	(2)	(3)	(4)	(5)	(1)	(2)	(3)	(4)	(5)
$CFO \times DR \times Hten$				-0.013*	-0.012*				0.023**	0.023*
				(-1.95)	(-1.94)				(2.35)	(1.85)
$Msize$	-0.001	-0.001	-0.001	-0.001	-0.001	-0.001	-0.001	-0.001	-0.001	-0.001
	(-1.09)	(-1.07)	(-1.09)	(-1.07)	(-1.04)	(-0.99)	(-0.94)	(-1.17)	(-0.94)	(-1.07)
$Size$	0.006***	0.006***	0.006***	0.006***	0.006***	0.008***	0.008***	0.008***	0.007***	0.007***
	(6.38)	(6.38)	(6.56)	(6.15)	(6.66)	(5.50)	(5.34)	(5.40)	(5.32)	(5.28)
$Debt$	0.021***	0.021***	0.019***	0.021***	0.019***	0.021***	0.021***	0.021***	0.020***	0.022***
	(3.11)	(3.13)	(2.92)	(3.12)	(2.90)	(2.68)	(2.78)	(2.74)	(2.64)	(2.83)
ROA	0.605***	0.608***	0.603***	0.606***	0.603***	0.522***	0.522***	0.524***	0.523***	0.523***
	(11.46)	(11.63)	(11.52)	(11.48)	(11.65)	(9.30)	(9.30)	(9.35)	(9.25)	(9.24)
$Gshare$	-0.044	-0.052*	-0.052*	-0.053*	-0.051*	-0.016***	-0.016***	-0.015***	-0.015***	-0.015***
	(-1.54)	(-1.94)	(-1.91)	(-1.86)	(-1.91)	(-3.37)	(-3.50)	(-3.27)	(-3.34)	(-3.10)
$Year$	YES	YES	YES	YES	YES	YES	YES	YES	YES	YES
$Indu$	YES	YES	YES	YES	YES	YES	YES	YES	YES	YES
Adj R^2	0.545	0.548	0.545	0.542	0.554	0.619	0.617	0.621	0.62	0.626
F 值	30.63	30.16	30.35	30.64	23.50	37.43	37.10	36.44	38.00	24.83
样本数（个）	1308	1308	1308	1308	1308	612	612	612	612	612

注：括号内为 t 值，* 表示10%的显著性水平，** 表示5%的显著性水平，*** 表示1%的显著性水平。

第四节　研究结论

本章以 2007—2010 年深沪两市 A 股上市公司的数据为研究样本，实证检验了管理者团队背景特征对会计稳健性的影响。结果表明，管理者团队背景特征对会计稳健性有一定的影响。具体而言，从全样本公司看，管理者团队的性别对会计稳健性的影响为负，而平均学历、平均年龄和平均任期对会计稳健性的影响为正；管理者团队的性别异质性对会计稳健性的影响不明显，而年龄异质性、学历异质性和任期异质性对会计稳健性的影响为正；董事长和财务总监的背景特征对会计稳健性的影响与管理者团队背景特征的平均水平对会计稳健性的影响基本相似。从国有上市公司和非国有上市公司的比较看，国有上市公司管理者团队的平均年龄和平均任期对会计稳健性的影响为负，而非国有上市公司管理者团队的这两个特征对会计稳健性的影响为正；国有上市公司管理者团队的年龄异质性和任期异质性对会计稳健性的影响为负，而非国有上市公司管理者团队的这两个特征对会计稳健性的影响为正。

第五节　本章小结

1. 本章在第五章分析的基础上，以"高阶理论"为出发点，主要考察管理者团队的背景特征对会计稳健性的影响。管理者团队的背景特征主要分为管理者团队的平均水平和管理者团队的异质性，其中平均水平选取了管理者的平均性别、平均年龄、平均学历和平均任期四个特征，异质性选取了性别异质性、年龄异质性、学历异质性和任期异质性四个特征。

2. 为了考察管理者团队的背景特征对会计稳健性的影响，本章以 2007—2010 年深沪两市 A 股上市公司为研究样本，并按照一定的标准进行了筛选，数据主要来源于国泰安数据库、色诺芬数据库和新浪网财经频道等数据库和网站以及手工收集。本章首先采用 Basu（1997）的股票——

盈余报酬法检验了管理者团队背景特征对会计稳健性的影响，又采用了 Ball 和 Shivakumar（2005）的应计—现金流法对实证结果进行了稳健性检验。

3. 通过管理者背景特征对全样本公司影响的单独分析以及对国有上市公司和非国有上市公司影响的对比分析后发现，管理者团队背景特征对会计稳健性有一定的影响，并且对不同产权性质公司的会计稳健性的影响存在着显著差异。

第七章 管理者团队"垂直对"影响会计稳健性的实证研究

本书第六章，主要是基于高阶理论，考察了管理者团队的平均水平和异质性对会计稳健性的影响，实证结果表明，这两种管理者团队特征在很大程度上影响着会计稳健性。管理者团队垂直对特征本应在第六章一起分析，限于篇幅，本章将单独进一步深入考察管理者团队—董事长垂直对特征和董事长—财务总监垂直对特征对会计稳健性的影响。

第一节 问题提出

管理者"垂直对"是指公司上司和下属在职位层级上的差异。职位决定了个体在组织中的正式角色，对组织中的个体互动起着关键作用（Brew 和 David，2004）。其理论基础是相似吸引范式，认为人与人之间交往是源于人际吸引，而人际吸引的重要诱因是相似性。目前，关于管理者垂直对特征方面的研究还比较少。Tusi 和 O'Reilly（1989）研究发现，上下级人口特征的差异与上司对下属的有效性评分负相关，与下属对上司的个人吸引力负相关，与下属的角色模糊性正相关。Farh 等（1998）研究发现，如果上司有较好的教育背景，则下属则会获得较高的信任。Hofstede（2001）研究表明，职位层级的差异受到特定社会中权利距离的影响。Tusi 等（2002）研究发现，年轻上司和年长下属之间的垂直对在任务业绩、盈利能力和发展经验等方面都较差。Wong（2004）研究表明，高管团队与董事长的人口特征差异，如年龄差异、性别差异、任期差异以及学历差异等会影响企业的战略决策，从而对企业并购产生直接影响。

Loi 和 Ngo（2009）研究发现，上司和下属的性别和任期的差异对组织产出变量有负向影响。张龙和刘洪（2009）研究发现，管理者团队中垂直对人口特征差异与管理者离职有一定的关系。何威风和刘启亮（2010）研究发现，性别"垂直对"越大，则会计政策越保守，企业发生财务重述的可能性就越小。根据以上相关研究文献可知，现有文献很少问及管理者"垂直对"特征对会计稳健性的影响。然而，管理者之间职位的差异决定了管理者在企业中拥有不同的权力，而目前中国上市公司的治理结构普遍不是特别完善，因此，管理者会基于某些目的，利用权力差异将个人的偏好强加到下属的决策行为中，从而制约下属在行为决策上主观能动性的发挥，而这一特点同样会影响到会计行为方面。因此，在中国特有的制度背景下考虑管理者"垂直对"特征对会计稳健性的影响，将更有助于会计稳健性的政策解释能力。

鉴于以上分析，本章以深沪两市 A 股上市公司 2007—2010 年的数据为研究样本，考虑"管理者团队—董事长垂直对"特征以及"董事长—财务总监垂直对"特征，实证分析这两个方面的"垂直对"特征对会计稳健性的影响。其基本思路是：首先，考察管理者团队—董事长垂直对特征对会计稳健性的影响，具体分别考虑性别"垂直对"、年龄"垂直对"、学历"垂直对"和任期"垂直对"。然后考察董事长—财务总监垂直对特征对会计稳健性的影响，具体分别考虑性别"垂直对"、年龄"垂直对"、学历"垂直对"和任期"垂直对"。另外，本章还将区分公司的产权性质，考察国有和非国有上市公司的上述两类"垂直对"特征对会计稳健性的影响。

第二节　研究设计

一　样本选择与数据来源

同第五章样本选择与数据来源部分。

二　变量解释

（一）会计稳健性

同第五章变量解释会计稳健性部分。

（二）管理者"垂直对"特征

本章选取的管理者"垂直对"特征主要考虑两个方面：一是管理者团队—董事长"垂直对"特征，具体考虑性别"垂直对"、年龄"垂直对"、学历"垂直对"和任期"垂直对"。二是董事长—财务总监"垂直对"特征，具体考虑性别"垂直对"、年龄"垂直对"、学历"垂直对"和任期"垂直对"。以上各"垂直对"具体计算方法借鉴张龙和刘洪（2009）。[①]

（三）控制变量

同第五章控制变量部分。以上所有变量的具体描述和定义见表 7 – 1。

表 7 – 1　　　　　　　　　　　　　变量定义

变量名称	变量符号	变量计算
管理者团队背景特征的平均水平		
管理者团队的平均性别	$Mgend$	公司管理者的男性人数/管理者总人数
管理者团队的平均年龄	$Mage$	公司管理者的年龄之和/管理者总人数
管理者团队的平均学历	$Mdgre$	公司管理者的学历水平之和/管理者总人数
管理者团队的平均任期	$Mten$	公司管理者任现职的时间之和/管理者总人数
董事长个人的背景特征		
董事长性别	$Dgend$	公司董事长为男性取值为 1，女性为 0
董事长年龄	$Dage$	公司董事长的年龄
董事长学历	$Ddgr$	公司董事长的学历。其中，高中或中专以下为 1、大专为 2、本科为 3、硕士为 4、博士为 5
董事长任期	$Dten$	公司董事长任现职的时间
管理者团队—董事长垂直对特征		
性别垂直对	$M – Dgend$	$Mgend > 0.5$ 时取 1，否则取 0。如果该值与 $Dgend$ 的值不同，则取 1，否则取 0
年龄垂直对	$M – Dage$	$Mage – Dage$。如果该值大于 0 则取 1，否则取 0
学历垂直对	$M – Ddgr$	$Mdegr – Ddegr$。如果该值大于 0 则取 1，否则取 0
任期垂直对	$M – Dten$	$Mten – Dten$。如果该值大于 0 则取 1，否则取 0

---

① 管理者团队与董事长的性别、年龄、学历和任期"垂直对"特征计算方法分别为：如果管理者团队与董事长性别不同取 1，否则为 0；如果管理者团队平均年龄长于董事长取 1，否则为 0；如果管理者团队平均学历长于董事长取 1，否则为 0；如果管理者团队平均任期长于董事长取 1，否则为 0。董事长与财务总监的性别、年龄、学历和任期"垂直对"特征计算方法分别为：如果董事长和财务总监性别不同取 1，否则为 0；如果董事长年龄长于财务总监取 1，否则为 0；如果董事长学历长于财务总监取 1，否则为 0；如果董事长任期长于财务总监取 1，否则为 0。

续表

变量名称	变量符号	变量计算
财务总监个人的背景特征		
财务总监性别	$Fgend$	公司财务总监为男性取值为 1，女性为 0
财务总监年龄	$Fage$	公司财务总监的年龄
财务总监学历	$Fdegr$	公司财务总监的学历
财务总监任期	$Ften$	公司财务总监任现职的时间
董事长—财务总监垂直对特征		
性别垂直对	$D-Fgend$	如果 $Dgend$ 和 $Fgend$ 的值不同取 1，否则取 0
年龄垂直对	$D-Fage$	$Dage-Fage$。如果该值大于 0 取 1，否则取 0
学历垂直对	$D-Fdegr$	$Ddegr-Fdegr$。如果该值大于 0 取 1，否则取 0
任期垂直对	$D-Ften$	$Dten-Ften$。如果该值大于 0 取 1，否则取 0
控制变量		
管理层规模	$Msize$	公司管理者人数
公司规模	$Size$	公司年末资产账面价值的自然对数
资产负债率	$Debt$	公司年末负债账面价值与资产账面价值之比
盈利能力	ROA	公司年净利润与资产账面价值之比
管理者持股比例	$Gshare$	公司董事会成员、监事会成员和高级管理人员持股比例之和
年度	$Year$	以 2007 年为基准年，设立 3 个虚拟变量
行业	$Indu$	按照 2001 年 4 月中国证监会颁布的《上市公司行业分类指引》，将所有上市公司分为 21 个行业（剔除了金融类上市公司），除了将制造业按二级代码分类外，其余行业按一级代码分类。共设立 20 个虚拟变量

三 模型建立

为了考察管理者团队—董事长"垂直对"特征对会计稳健性的影响，我们建立模型（7 - 1）。

$$\frac{EPS_{i,t}}{P_{i,t-1}} = \beta_0 + \beta_1 DR_{i,t} + \beta_2 RET_{i,t} + \beta_3 RET_{i,t} \times DR_{i,t} + \beta_4 (M-D)_{i,t}$$
$$+ \beta_5 DR_{i,t} \times (M-D)_{i,t} + \beta_6 RET_{i,t} \times (M-D)_{i,t} + \beta_7 RET_{i,t} \times DR_{i,t}$$
$$\times (M-D)_{i,t} + Controlvariables + \varepsilon_{i,t} \tag{7-1}$$

为了考察董事长—财务总监"垂直对"特征对会计稳健性的影响，

我们建立模型（7-2）。

$$\frac{EPS_{i,t}}{P_{i,t-1}} = \beta_0 + \beta_1 DR_{i,t} + \beta_2 RET_{i,t} + \beta_3 RET_{i,t} \times DR_{i,t} + \beta_4 (D-F)_{i,t}$$

$$+ \beta_5 DR_{i,t} \times (D-F)_{i,t} + \beta_6 RET_{i,t} \times (D-F)_{i,t} + \beta_7 RET_{i,t} \times DR_{i,t}$$

$$\times (D-F)_{i,t} + Controlvarables_{i,t} + \varepsilon_{i,t} \qquad (7-2)$$

在上述模型中，$M-D$ 分别取值 $M-Dgend$、$M-Dage$、$M-Ddegr$ 和 $M-Dten$，$D-F$ 分别取值 $D-Fgend$、$D-Fage$、$D-Fdegr$ 和 $D-Ften$。

第三节　实证研究

一　描述性统计

表7-2 是管理者"垂直对"特征的描述性统计结果。从全样本公司看，管理者团队—董事长"垂直对"特征是：性别"垂直对"平均为0.04，表明在大部分上市公司中管理者团队与董事长的特征是相近的，即以男性为主导；年龄"垂直对"平均为0.33，学历垂直对平均为0.39，任期"垂直对"平均为0.29，表明董事长的年龄、学历和任期均低于管理者团队。董事长—财务总监"垂直对"特征是：性别"垂直对"平均为0.23，表明还是有不少上市公司的董事长和财务总监的性别是不同的；年龄"垂直对"平均为0.78，表明大多数上市公司的董事长年龄长于财务总监；学历"垂直对"平均为0.44，任期"垂直对"平均为0.17，表明大多数上市公司的董事长学历和任期均低于财务总监的学历和任期。

从国有上市公司与非国有上市公司的比较看，国有上市公司管理者团队—董事长的性别"垂直对"和任期"垂直对"特征略低于非国有上市公司，而年龄"垂直对"和学历"垂直对"特征均略高于非国有上市公司。国有上市公司董事长—财务总监的性别"垂直对"、年龄"垂直对"、学历"垂直对"和任期"垂直对"特征均略低于非国有上市公司。

二　管理者垂直对特征与会计稳健性的实证结果

为了更好地考察管理者"垂直对"特征对会计稳健性的影响，本书首先将各个变量单独放入模型，然后将所有变量放在同一模型中进行回归。

表 7 - 2　　　　　　　　　　　　　描述性统计

变量	全样本 N = 1920				国有上市公司 N1 = 1308				非国有上市公司 N2 = 612			
	平均值	标准差	最小值	最大值	平均值	标准差	最小值	最大值	平均值	标准差	最小值	最大值
$M - Dgend$	0.04	0.184	0	1	0.02	0.122	0	1	0.03	0.168	0	1
$M - Dage$	0.33	0.471	0	1	0.36	0.471	0	1	0.33	0.472	0	1
$M - Ddegr$	0.39	0.488	0	1	0.43	0.495	0	1	0.37	0.482	0	1
$M - Dten$	0.29	0.453	0	1	0.24	0.426	0	1	0.32	0.466	0	1
$D - Fgend$	0.23	0.422	0	1	0.22	0.418	0	1	0.23	0.424	0	1
$D - Fage$	0.78	0.415	0	1	0.76	0.417	0	1	0.78	0.414	0	1
$D - Fdegr$	0.44	0.497	0	1	0.43	0.496	0	1	0.45	0.497	0	1
$D - Ften$	0.17	0.387	0	1	0.18	0.380	0	1	0.19	0.391	0	1

（一）管理者团队—董事长"垂直对"特征与会计稳健性

运用模型（7-1）检验管理者团队—董事长"垂直对"特征对会计稳健性的影响，其结果如表7-3和表7-4所示。

表 7 - 3　　　　全样本管理者团队—董事长垂直对特征与会计稳健性

变量	全样本				
	(1)	(2)	(3)	(4)	(5)
Intercept	-0.136 ***	-0.119 ***	-0.112 ***	-0.140 ***	-0.103 ***
	(-6.40)	(-6.89)	(-6.94)	(-6.45)	(-6.30)
DR	-0.019	-0.143 **	-0.030	-0.013	-0.153 *
	(-0.54)	(-2.07)	(-1.00)	(-1.19)	(-1.95)
RET	0.021	0.043	0.007	0.012 *	0.049
	(1.15)	(1.45)	(0.66)	(1.95)	(1.57)
RET × DR	0.108	0.185	0.001	0.024	0.207
	(1.36)	(1.10)	(0.82)	(1.47)	(1.45)
$M - Dgend$	-0.018				-0.029
	(-0.84)				(-1.37)
$DR × M - Dgend$	-0.008				-0.012
	(-0.20)				(-0.29)
$RET × M - Dgend$	0.013				0.025
	(1.60)				(1.13)

续表

变量	全样本				
	(1)	(2)	(3)	(4)	(5)
$RET \times DR \times$ $M - Dgend$	0.076 (0.29)				0.019 (0.72)
$M - Dage$		0.001 (0.73)			0.001 (1.08)
$DR \times M - Dage$		-0.003^* (-1.92)			-0.003^* (-1.86)
$RET \times M - Dage$		-0.001^* (-1.80)			-0.001^{**} (-2.11)
$RET \times DR \times$ $M - Dage$		0.009 (0.47)			0.012 (0.68)
$M - Ddegr$			0.012^{***} (3.35)		0.014^{***} (3.43)
$DR \times M - Ddegr$			-0.006 (-0.69)		-0.008 (-0.93)
$RET \times M - Ddegr$			-0.006^{**} (-1.69)		-0.009^{**} (-2.01)
$RET \times DR \times$ $M - Ddegr$			0.004 (0.27)		0.013 (0.77)
$M - Dten$				0.001 (0.28)	0.002 (0.87)
$DR \times M - Dten$				-0.001 (-0.19)	-0.001 (-0.26)
$RET \times M - Dten$				-0.001 (-1.52)	-0.003 (-1.26)
$RET \times DR \times$ $M - Dten$				0.011^* (1.89)	0.009^* (1.86)
$Msize$	-0.001^* (-1.65)	-0.001^* (-1.84)	-0.001 (-1.42)	-0.001 (-1.62)	-0.001 (-1.48)
$Size$	-0.006^{***} (-8.34)	-0.006^{***} (-7.93)	-0.007^{***} (-8.46)	-0.006^{***} (-8.39)	-0.007^{***} (-8.30)

续表

变量	全样本				
	（1）	（2）	（3）	（4）	（5）
Debt	− 0. 020 ***	− 0. 020 ***	− 0. 020 ***	− 0. 020 ***	− 0. 020 ***
	（ − 3. 95）	（ − 3. 92）	（ − 4. 00）	（ − 3. 97）	（ − 3. 80）
ROA	− 0. 567 ***	− 0. 569 ***	− 0. 569 ***	− 0. 569 ***	− 0. 569 ***
	（ − 15. 16）	（ − 15. 38）	（ − 15. 50）	（ − 15. 39）	（ − 15. 53）
Gshare	− 0. 020 ***	− 0. 018 ***	− 0. 020 ***	− 0. 020 ***	− 0. 018 ***
	（ − 4. 89）	（ − 4. 51）	（ − 4. 50）	（ − 4. 90）	（ − 4. 31）
Year	YES	YES	YES	YES	YES
Indu	YES	YES	YES	YES	YES
Adj R^2	0. 542	0. 544	0. 543	0. 540	0. 549
F 值	23. 58	26. 93	25. 61	26. 55	25. 69
样本数（个）	1920	1920	1920	1920	1920

注：括号内为 *t* 值，＊表示10%的显著性水平，＊＊表示5%的显著性水平，＊＊＊表示1%的显著性水平。

　　从全样本公司（见表 7 - 3）看，管理者团队—董事长年龄"垂直对"对会计稳健性的影响显著为负，这可能是因为年轻的管理者一般思维敏捷，创新意识较强，而年老的管理者一般比较保守，考虑问题更加全面，管理者团队—董事长年龄"垂直对"特征越明显，团队的凝聚力和交流合作不强，对决策的态度差别越大，从而明显影响会计稳健性。管理者团队—董事长任期"垂直对"特征对会计稳健性的影响显著为负，这可能是因为管理者任期不同意味着成为公司团队成员的时间不同，则管理者在公司经历的发展阶段和对公司的理解存在差异，这种差异表现在公司战略、企业文化和企业价值等方面。管理者团队—董事长"垂直对"特征越明显，则分享信息和对会计稳健性的不利后果认识差异越大，因此对会计稳健性的影响越大。管理者团队—董事长性别和学历"垂直对"特征对会计稳健性的影响不显著。

　　通过比较国有和非国有上市公司的回归结果（见表 7 - 4）可以看出，管理者团队性别"垂直对"特征与学历"垂直对"特征对会计稳健性的影响不存在明显差异。国有上市公司管理者团队—董事长的年龄"垂直对"

表7-4　不同产权背景下管理者团队—董事长垂直对特征与会计稳健性

变量	国有上市公司					非国有上市公司				
	(1)	(2)	(3)	(4)	(5)	(1)	(2)	(3)	(4)	(5)
Intercept	-0.134***	-0.115***	-0.151***	-0.134***	-0.129***	-0.154***	-0.149***	-0.160***	-0.159***	-0.159***
	(-6.50)	(-6.22)	(-6.44)	(-6.34)	(-6.33)	(-6.48)	(-6.58)	(-6.29)	(-6.74)	(-6.61)
DR	-0.002	-0.017	-0.017	-0.010	-0.001	-0.028***	-0.014	-0.028*	-0.007	-0.021
	(-0.11)	(-0.57)	(-0.78)	(-0.62)	(-0.02)	(-3.06)	(-0.58)	(-1.66)	(-0.71)	(-0.74)
RET	0.016**	0.015	0.022***	0.011***	0.006	0.002	0.001	0.007	0.014***	0.005
	(2.38)	(1.52)	(4.83)	(2.71)	(1.57)	(0.29)	(0.03)	(0.69)	(4.35)	(0.38)
RET×DRen	0.031	0.064	0.035	0.032	0.031	0.033	0.003	0.058	0.026	0.035
	(1.10)	(1.19)	(1.25)	(1.24)	(1.26)	(1.48)	(1.08)	(1.19)	(1.22)	(1.48)
M-Dgend	-0.005				-0.004	-0.012				-0.012
	(-0.42)				(-0.33)	(-1.01)				(-1.13)
DR×M-Dgend	-0.02				-0.007	0.035				0.036*
	(-0.87)				(-0.29)	(1.58)				(1.70)
RET×M-Dgend	-0.013				-0.003	-0.016				-0.014
	(-1.00)				(-0.18)	(-1.39)				(-1.50)
RET×DRen×M-Dgend	-0.046				-0.031	-0.033				-0.026
	(-1.03)				(-1.05)	(-1.07)				(-0.79)
M-Dage		-0.135*			-0.150*		-0.041			-0.03
		(-1.80)			(-1.95)		(-0.67)			(-0.50)
DR×M-Dage		-0.056			-0.098		-0.025			-0.008
		(-0.38)			(-0.66)		(-0.19)			(-0.06)

续表

变量	国有上市公司					非国有上市公司				
	(1)	(2)	(3)	(4)	(5)	(1)	(2)	(3)	(4)	(5)
$RET \times M - Dage$		0.180***			0.202***		-0.002*			-0.028
		(2.74)			(2.87)		(-1.77)			(-1.50)
$RET \times DRen \times M - Dage$		-0.029**			-0.372**		0.006			0.505
		(-2.53)			(-2.22)		(0.62)			(1.01)
$M - Ddegr$			-0.031***		-0.033***			0.020		0.031
			(-3.13)		(-2.70)			(0.81)		(1.46)
$DR \times M - Ddegr$			-0.071**		-0.071*			-0.033		-0.021
			(-2.05)		(-1.81)			(-0.70)		(-0.47)
$RET \times M - Ddegr$			-0.020***		-0.022**			-0.003		-0.005
			(-2.61)		(-2.08)			(-0.17)		(-0.37)
$RET \times DRen \times M - Ddegr$			-0.008		-0.008			-0.013		-0.081
			(-0.48)		(-0.72)			(-0.63)		(-0.82)
$M - Dten$				-0.001	-0.001				-0.012	-0.011
				(-0.25)	(-0.33)				(-1.50)	(-1.51)
$DR \times M - Dten$				-0.005	-0.012				-0.035*	-0.033
				(-0.48)	(-1.17)				(-1.67)	(-1.49)
$RET \times M - Dten$				-0.001	-0.001				-0.009*	-0.008*
				(-1.11)	(-1.09)				(-1.67)	(-1.72)

续表

变量	国有上市公司					非国有上市公司				
	(1)	(2)	(3)	(4)	(5)	(1)	(2)	(3)	(4)	(5)
$RET \times DRen \times$ M-Den				-0.001 (-0.09)	-0.012 (-0.74)				0.017** (2.35)	0.023* (1.89)
Msize	-0.001 (-1.19)	-0.001 (-1.27)	-0.001 (-1.29)	-0.001 (-1.27)	-0.001 (-1.34)	-0.001 (-0.99)	-0.001 (-0.94)	-0.001 (-1.17)	-0.001 (-0.94)	-0.001 (-1.07)
Size	-0.006*** (-6.38)	-0.006*** (-6.38)	-0.006*** (-6.56)	-0.006*** (-6.15)	-0.006*** (-6.66)	-0.008*** (-5.50)	-0.008*** (-5.34)	-0.008*** (-5.40)	-0.007*** (-5.32)	-0.007*** (-5.28)
Debt	-0.021*** (-3.11)	-0.021*** (-3.13)	-0.019*** (-2.92)	-0.021*** (-3.12)	-0.019*** (-2.90)	-0.021*** (-2.68)	-0.021*** (-2.78)	-0.021*** (-2.74)	-0.020*** (-2.64)	-0.022*** (-2.83)
ROA	-0.605*** (-11.46)	-0.608*** (-11.63)	-0.603*** (-11.52)	-0.606*** (-11.48)	-0.603*** (-11.65)	-0.522*** (-9.30)	-0.522*** (-9.30)	-0.524*** (-9.35)	-0.523*** (-9.25)	-0.523*** (-9.24)
Gshare	-0.044 (-1.54)	-0.052* (-1.94)	-0.052* (-1.91)	-0.053* (-1.86)	-0.051 (-1.91)	-0.016*** (-3.37)	-0.016*** (-3.50)	-0.015*** (-3.27)	-0.015*** (-3.34)	-0.015*** (-3.10)
Year	YES	YES	YES	YES	YES	YES	YES	YES	YES	YES
Indu	YES	YES	YES	YES	YES	YES	YES	YES	YES	YES
Adj R^2	0.545	0.548	0.545	0.542	0.554	0.519	0.517	0.521	0.520	0.526
F值	20.63	20.16	20.35	20.64	20.50	27.43	27.10	26.44	28.01	24.83
样本数（个）	1308	1308	1308	1308	1308	612	612	612	612	612

注：括号内为 t 值，* 表示 10% 的显著性水平，** 表示 5% 的显著性水平，*** 表示 1% 的显著性水平。

特征和任期"垂直对"特征对会计稳健性的影响显著为负，而非国有上市公司的这两个特征对会计稳健性的影响不显著。这可能是因为国有企业的董事长一般是政府选择的结果，其政治升迁的意图更加明显，年龄和任期的垂直对特征越明显，管理者团队与董事长的长期目标越不一致，就越容易诱发盈余管理，从而影响会计稳健性。

（二）董事长—财务总监"垂直对"特征与会计稳健性

运用模型（7-2）检验董事长—财务总监"垂直对"特征对会计稳健性的影响，其结果如表7-5和表7-6所示。

表7-5　　全样本董事长—财务总监"垂直对"特征与会计稳健性

变量	全样本				
	（1）	（2）	（3）	（4）	（5）
Intercept	0.139***	0.134***	0.132***	0.140***	0.145***
	(6.40)	(6.22)	(6.48)	(6.11)	(6.37)
DR	-0.015*	-0.001	-0.001	-0.008	-0.009
	(-1.67)	(-0.06)	(-0.12)	(-1.07)	(-0.45)
RET	0.009*	0.001	0.015**	0.012***	0.005
	(1.66)	(1.16)	(2.22)	(4.23)	(1.61)
RET × DR	0.013	0.043	0.008	0.018	0.049
	(1.60)	(1.58)	(1.45)	(1.26)	(1.60)
D - Fgend	-0.004				-0.008
	(-0.48)				(-0.98)
DR × D - Fgend	0.012				0.016
	(0.73)				(1.03)
RET × D - Fgend	-0.002				-0.005
	(-0.23)				(-0.58)
RET × DR × D - Fgend	-0.037				-0.007
	(-1.26)				(-1.30)
D - Fage		-0.046			-0.050
		(-1.01)			(-1.12)

续表

变量	全样本				
	(1)	(2)	(3)	(4)	(5)
$DR \times D - Fage$		-0.080			-0.072
		(-0.79)			(-0.72)
$RET \times D - Fage$		0.064			0.067*
		(1.57)			(1.67)
$RET \times DR \times D - Fage$		-0.037**			-0.035**
		(-1.99)			(-2.26)
$D - Fdegr$			-0.026**		-0.029**
			(-2.00)		(-2.35)
$DR \times D - Fdegr$			-0.041		-0.039
			(-1.27)		(-1.17)
$RET \times D - Fdegr$			-0.012		-0.014
			(-1.20)		(-1.46)
$RET \times DR \times D - Fdegr$			-0.046		-0.030
			(-0.21)		(-1.54)
$D - Ften$				-0.003	-0.004
				(-0.72)	(-0.84)
$DR \times D - Ften$				-0.008	-0.006
				(-0.63)	(-0.49)
$RET \times D - Ften$				-0.004	-0.004
				(-1.05)	(-1.18)
$RET \times DR \times D - Ften$				0.011	0.011
				(0.69)	(0.86)
$Msize$	-0.001	-0.001	-0.001	-0.001	-0.001
	(-1.60)	(-1.56)	(-1.61)	(-1.62)	(-1.47)
$Size$	-0.006***	-0.006***	-0.006***	-0.006***	-0.006***
	(-8.32)	(-8.27)	(-8.35)	(-8.17)	(-8.31)

续表

变量	全样本				
	（1）	（2）	（3）	（4）	（5）
Debt	− 0.021 ***	− 0.021 ***	− 0.020 ***	− 0.021 ***	− 0.021 ***
	（ − 4.06）	（ − 4.16）	（ − 3.92）	（ − 4.06）	（ − 4.08）
ROA	− 0.569 ***	− 0.569 ***	− 0.568 ***	− 0.568 ***	− 0.568 ***
	（ − 15.47）	（ − 15.49）	（ − 15.45）	（ − 15.39）	（ − 15.59）
Gshare	− 0.019 ***	− 0.022 ***	− 0.020 ***	− 0.020 ***	− 0.020 ***
	（ − 4.53）	（ − 5.25）	（ − 4.93）	（ − 4.93）	（ − 4.84）
Year	YES	YES	YES	YES	YES
Indu	YES	YES	YES	YES	YES
Adj R^2	0.561	0.562	0.562	0.561	0.566
F 值	35.65	36.56	35.66	35.96	34.94
样本数（个）	1920	1920	1920	1920	1920

注：括号内为 *t* 值，＊表示10%的显著性水平，＊＊表示5%的显著性水平，＊＊＊表示1%的显著性水平。

从全样本公司（见表7－5）看，董事长—财务总监年龄"垂直对"特征对会计稳健性的影响显著为负。这可能是因为不同年龄的管理者对待风险和决策的态度存在较大差异，会计稳健性作为会计信息质量的一个衡量标准，属于会计政策选择的结果，如果董事长—财务总监年龄"垂直对"也大，二者对公司的发展战略、事项沟通或者是会计政策执行程度的态度差别也大，从而企业的会计稳健性就越弱。董事长—财务总监学历"垂直对"特征对会计稳健性的影响显著为负。这可能是因为学历影响着管理者决策的理性程度，不同学历的管理者对于公司业绩和战略的选择是存在差异的，而这种董事长—财务总监学历"垂直对"的差异特征，表现在对会计政策的选择时难以形成统一的结论，从而影响会计稳健性。董事长—财务总监性别和任期"垂直对"特征对会计稳健性的影响不显著。

表7-6 不同产权背景下董事长—财务总监"垂直对"特征与会计稳健性

变量	国有上市公司					非国有上市公司				
	(1)	(2)	(3)	(4)	(5)	(1)	(2)	(3)	(4)	(5)
Intercept	0.137*** (6.65)	0.136*** (4.65)	0.130*** (5.90)	0.133*** (6.34)	0.135*** (4.00)	0.149*** (4.75)	0.146*** (4.30)	0.163*** (5.66)	0.171*** (6.20)	0.164*** (4.31)
DR	-0.014 (-0.64)	-0.023 (-0.51)	-0.006 (-0.25)	-0.007 (-0.41)	-0.075 (-1.27)	-0.002 (-0.10)	-0.019 (-0.48)	-0.026 (-1.06)	-0.009 (-0.81)	-0.009 (-0.16)
RET	0.023** (2.32)	0.001 (0.01)	0.008 (0.72)	0.011* (1.74)	0.007 (0.20)	0.005 (0.43)	0.018 (0.98)	0.016** (1.98)	0.014*** (3.17)	0.008 (0.38)
RET×DRen	0.005 (0.21)	0.009 (0.13)	0.016 (0.53)	0.007 (0.50)	0.059 (0.69)	0.026 (0.73)	0.006 (0.10)	0.053 (1.49)	0.035** (2.41)	0.009 (0.11)
Dgend	-0.004 (-0.41)				-0.006 (-0.46)	-0.005 (-0.42)				-0.006 (-0.56)
DR×Dgend	-0.022 (-1.36)				-0.021 (-1.19)	-0.017 (-0.69)				-0.016 (-0.67)
RET×Dgend	-0.012 (-1.12)				-0.013 (-0.95)	0.004 (0.30)				0.005 (0.50)
RET×DRen×Dgend	-0.001 (-0.09)				-0.002 (-0.08)	-0.056 (-1.48)				-0.057 (-1.59)
Dage		0.001 (0.11)			0.001 (0.01)		0.001 (0.23)			0.001 (0.27)
DR×Dage		-0.001 (-0.70)			-0.001 (-0.89)		-0.001 (-0.01)			-0.001 (-0.11)

续表

变量	国有上市公司					非国有上市公司				
	(1)	(2)	(3)	(4)	(5)	(1)	(2)	(3)	(4)	(5)
$RET \times Dage$		-0.001 (-0.38)			-0.001 (-0.41)		-0.001 (-1.58)			-0.001 (-1.26)
$RET \times DRen \times Dage$		0.002 (0.62)			0.001 (0.65)		-0.031* (-1.84)			-0.031* (-1.73)
$Ddegr$			0.002 (0.57)		0.002 (0.76)			0.002 (0.68)		0.001 (0.55)
$DR \times Ddegr$			-0.004 (-0.70)		-0.005 (-0.84)			-0.002 (-0.32)		-0.003 (-0.38)
$RET \times Ddegr$			-0.001 (-0.36)		-0.002 (-0.76)			-0.002 (-0.87)		-0.001 (-0.48)
$RET \times DRen \times Ddegr$			0.038** (1.97)		0.030** (1.97)			-0.007 (-0.58)		-0.007 (-0.56)
$Dden$				0.012 (0.68)	0.002 (0.93)				0.001 (0.66)	0.003 (1.19)
$DR \times Dden$				-0.002 (-0.52)	-0.001 (-0.15)				-0.015 (-0.83)	-0.007 (-1.01)
$RET \times Dden$				-0.002 (-0.97)	-0.002 (-0.69)				-0.012 (-0.78)	-0.001 (-0.31)

续表

变量	国有上市公司					非国有上市公司				
	(1)	(2)	(3)	(4)	(5)	(1)	(2)	(3)	(4)	(5)
RET × DRen × Dten				-0.007 (-0.68)	-0.005 (-0.61)				0.011 (0.97)	0.001 (0.76)
Msize	-0.001 (-1.17)	-0.001 (-1.23)	-0.001 (-1.19)	-0.001 (-1.22)	-0.001 (-1.08)	-0.001 (-0.95)	-0.001 (-1.40)	-0.001 (-0.93)	-0.001 (-1.10)	-0.001 (-1.44)
Size	0.006*** (6.22)	0.006*** (6.33)	0.006*** (6.31)	0.006*** (6.19)	0.006*** (6.15)	0.007*** (5.32)	0.007*** (5.30)	0.008*** (5.40)	0.008*** (5.61)	0.008*** (5.43)
Debt	0.021*** (3.15)	0.021*** (3.18)	0.021*** (3.11)	0.021*** (3.12)	0.021*** (3.12)	0.021*** (2.67)	0.022*** (2.64)	0.022*** (2.52)	0.020** (2.60)	0.019** (2.40)
ROA	0.606*** (11.49)	0.607*** (11.50)	0.606*** (11.47)	0.606*** (11.47)	0.608*** (11.42)	0.524*** (9.22)	0.521*** (9.28)	0.523*** (9.25)	0.521*** (9.45)	0.521*** (9.28)
Gshare	-0.005 (-0.63)	-0.004 (-0.62)	-0.005 (-0.72)	-0.005 (-0.65)	-0.004 (-0.61)	-0.016* (-1.71)	-0.017* (-1.81)	-0.016* (-1.73)	-0.012 (-1.39)	-0.015* (-1.65)
Year	YES	YES	YES	YES	YES	YES	YES	YES	YES	YES
Indu	YES	YES	YES	YES	YES	YES	YES	YES	YES	YES
Adj R²	0.543	0.544	0.542	0.542	0.546	0.517	0.512	0.518	0.522	0.530
F值	20.36	20.18	20.27	20.45	21.34	26.90	27.42	26.92	26.59	23.27
样本数（个）	1308	1308	1308	1308	1308	612	612	612	612	612

注：括号内为 t 值，* 表示 10% 的显著性水平，** 表示 5% 的显著性水平，*** 表示 1% 的显著性水平。

通过比较国有和非国有上市公司的回归结果（见表7-6）可以看出，董事长—财务总监性别"垂直对"特征和任期"垂直对"特征对会计稳健性的影响不存在明显差异。国有上市公司董事长—财务总监的学历"垂直对"特征对会计稳健性的影响显著为正，而非国有上市公司的这一特征对会计稳健性的影响不显著。这可能是因为，在国有上市公司中，通常会更注重对管理者的学习能力培养。一般而言，国有企业的管理者在拿到相应的学位证书和学历证书时，学费都是给予报销的。因此，国有上市公司的董事长—财务总监的学历"垂直对"特征差别小于非国有上市公司，其对会计稳健性的影响为正且这一影响与非国有上市公司存在差异。国有上市公司董事长—财务总监的年龄"垂直对"特征对会计稳健性的影响不显著，而非国有上市公司的这一特征对会计稳健性的影响显著为负。这可能是因为在国有上市公司中，职位的高低跟年龄没有直接的关系，而是受社会背景、个人能力等因素影响更大，而在非国有上市公司中，随着管理者年龄的增加，其社会经验和为企业带来的价值越高，其职位也会越高，而董事长—财务总监的年龄"垂直对"特征差别会大于非国有上市公司，其对会计稳健性的影响显著为负且这一影响与非国有上市公司存在差异。

三　稳健性检验

本章同样采用应计—现金流法对上述实证结论进行了实证检验，该方法下的实证研究结果与股票—报酬率法下的实证结果基本是一致的，因此上述研究结果是比较稳健的。稳健性检验结果不再列示。

第四节　研究结论

本章以深沪两市 A 股上市公司 2007—2010 年的数据为研究样本，研究管理者团队—董事长"垂直对"特征和董事长—财务总监"垂直对"特征对会计稳健性的影响。研究结果表明，从全样本公司看，管理者团队—董事长年龄"垂直对"和任期"垂直对"对会计稳健性的影响显著为负，管理者团队—董事长性别和学历"垂直对"特征对会计稳健性的影响不显著；董事长—财务总监年龄和学历"垂直对"特征对会计稳健性的影响显著为负，董事长—财务总监性别和任期"垂直对"特征对会计稳健性的影响不显著。从比较国有和非国有上市公司的回归结果看，国有上市公司管理者团队—董事长的年龄"垂直对"特征和任期"垂直对"特征对会计稳健性的影响显著为负，而非国有上市公司的这两个特征对会计稳健性的影响不显著；国有上市公司董事长—财务总监的学历"垂直对"特征对会计稳健性的影响显著为正，而非国有上市公司的这一特征对会计稳健性的影响不显著；国有上市公司董事长—财务总监的年龄"垂直对"特征对会计稳健性的影响不显著，而非国有上市公司的这一特征对会计稳健性的影响显著为负。这些研究结论为会计稳健性行为研究提供了新的视角，更有助于会计稳健性的政策解释能力和提高上市公司会计信息质量。

第五节　本章小结

1. 本章主要是考察管理者"垂直对"特征对会计稳健性的影响。主要选取了管理者团队—董事长"垂直对"特征（性别"垂直对"、年龄"垂直对"、学历"垂直对"和任期"垂直对"）和董事长—财务总监"垂直对"特征（性别"垂直对"、年龄"垂直对"、学历"垂直对"和任期"垂直对"）。

2. 为了检验管理者"垂直对"特征对会计稳健性的影响，本章同样以 2007—2010 年深沪两市 A 股上市公司为研究样本，并按照一定的标准进行了筛选，数据主要来源于国泰安数据库、色诺芬数据库和新浪网财经频道等数据库和网站以及手工收集。本章首先采用 Basu （1997） 的股票—盈余报酬法检验了董事长和财务总监背景特征对会计稳健性的影响，又采用了 Ball 和 Shivakumar （2005） 的应计—现金流法对实证结果进行了稳健性检验。

3. 通过分析管理者团队—董事长垂直对特征和董事长—财务总监"垂直对"特征对全样本公司影响的单独分析发现，这两类"垂直对"特征对会计稳健性有一定的影响。通过对国有上市公司和非国有上市公司影响的对比分析后发现，这两类垂直对特征对不同产权性质公司的会计稳健性的影响存在显著差异。

第八章　管理者个人背景特征影响会计稳健性的实证研究

第一节　问题提出

本书第六章和第七章,主要是考察了管理者团队的平均水平、异质性和垂直对背景特征对会计稳健性的影响,实证结果表明,管理者团队的这些背景特征在很大程度上影响着会计稳健性,本章会进一步深入考察董事长和财务总监的背景特征对会计稳健性的影响。目前,关于管理者背景特征对公司行为研究的文献,大部分集中在管理者团队的背景特征方面,而很少进一步分析在团队中占有核心决策权力的个人背景特征对公司行为的影响,而团队目标和决策的实现更多地取决于团队中个体行为的加总,因此,进一步考虑团队中某个重要个体特征对公司行为的影响,更有利于促进团队目标的实现和提高公司的决策能力。因此,本章单独考察董事长和财务总监(或总会计师)个人背景特征对会计稳健性的影响。这是因为在我国上市公司中,董事长是公司的法人代表,其地位最高,影响最大;财务总监(或总会计师)是主管公司会计工作的高管人员,对公司会计政策的选择有着直接影响。另外,本章还将区分公司的产权性质,考察国有和非国有上市公司的管理者个人背景特征对会计稳健性的影响。

第二节　研究设计

一　样本选择与数据来源

同第五章样本选择和数据来源部分。

二　变量解释

（一）会计稳健性

同第五章变量解释会计稳健性部分。

（二）管理者个人背景特征

本章选取的董事长和财务总监（或财务负责人）的背景特征包括性别、年龄、学历、教育背景和任期 5 个方面。

（三）控制变量

同第五章控制变量部分。以上所有变量的具体描述和定义见表 8 - 1。

表 8 - 1　　　　　　　　　　　　变量定义

变量名称	变量符号	变量计算
董事长的背景特征（D）		
董事长性别	$Dgend$	公司董事长为男性取值为 1，女性为 0
董事长年龄	$Dage$	公司董事长的年龄
董事长学历	$Ddegr$	公司董事长的学历。其中，高中或中专以下为 1、大专为 2、本科为 3、硕士为 4、博士为 5
董事长教育背景	$Dedu$	公司董事长所学专业为金融、会计或经济管理类为 1，否则为 0
董事长任期	$Dten$	公司董事长任现职的时间
财务总监的背景特征（F）		
财务总监性别	$Fgend$	公司财务总监为男性取值为 1，女性为 0
财务总监年龄	$Fage$	公司财务总监的年龄
财务总监学历	$Fdegr$	公司财务总监的学历。其中，高中或中专以下为 1、大专为 2、本科为 3、硕士为 4、博士为 5
财务总监教育背景	$Fedu$	公司财务总监所学专业为金融、会计或经济管理类为 1，否则为 0
财务总监任期	$Ften$	公司财务总监任现职的时间

续表

变量名称	变量符号	变量计算
		控制变量
管理层规模	Msize	公司管理者人数
公司规模	Size	公司年末资产账面价值的自然对数
资产负债率	Debt	公司年末负债账面价值与资产账面价值之比
盈利能力	ROA	公司年净利润与资产账面价值之比
管理者持股比例	Gshare	公司董事会成员、监事会成员和高级管理人员持股比例之和
年度	Year	以 2007 年为基准年，设立 3 个虚拟变量
行业	Indu	按照 2001 年 4 月中国证监会颁布的《上市公司行业分类指引》，将所有上市公司分为 21 个行业（剔除金融类上市公司），除了将制造业按二级代码分类外，其余行业按一级代码分类。共设立 20 个虚拟变量

三 模型建立

为了考察董事长背景特征对会计稳健性的影响，本章建立模型 (8-1)。其中 D 的名称和计算见表 8-1。

$$\frac{EPS_{it}}{P_{it-1}} = \beta_0 + \beta_1 DR_{it} + \beta_2 RET_{it} + \beta_3 RET_{it} \times DR_{it} + \beta_4 D_{it} + \beta_5 DR_{it} \times D_{it} + \beta_6$$
$$RET_{it} \times D_{it} + \beta_7 RET_{it} \times DR_{it} \times D_{it} + Controlvariables_{it} + \varepsilon \quad (8-1)$$

为了考察财务总监（或财务负责人）背景特征对会计稳健性的影响，本章建立模型 (8-2)。其中 F 的名称和计算见表 8-1。

$$\frac{EPS_{it}}{P_{it-1}} = \beta_0 + \beta_1 DR_{it} + \beta_2 RET_{it} + \beta_3 RET_{it} \times DR_{it} + \beta_4 F_{it} + \beta_5 DR_{it} \times F_{it} +$$
$$\beta_6 RET_{it} \times F_{it} + \beta_7 RET_{it} \times DR_{it} \times F_{it} + Controlvariables_{it} + \varepsilon \quad (8-2)$$

第三节 实证研究

一 描述性统计

表 8-2 是管理者个人背景特征的描述性统计结果。从全样本公司看，

董事长背景特征是：97.2% 为男性；平均年龄为 50.642 岁；平均学历为 3.333；教育背景为金融、会计或经济管理的董事长占 55%；平均任期为 5.647 年。财务总监背景特征是：77.3% 为男性；平均年龄为 43.392 岁；平均学历为 3.076，基本上处于本科学历水平；教育背景为会计的财务总监占 97%；平均任期为 5.574 年。

从国有上市公司与非国有上市公司的比较看，在董事长背景特征方面，国有和非国有上市公司的董事长一般为男性；国有上市公司董事长的年龄和学历均略高于非国有上市公司；而国有上市公司董事长的教育背景和任期均略低于非国有上市公司。在财务总监背景特征方面，国有和非国有上市公司的财务总监均以男性为主，但与董事长相比却要低一些；国有上市公司财务总监的年龄和任期均略高于非国有上市公司；国有上市公司财务总监的学历和教育背景均与非国有上市公司无明显差异。

二 实证结果分析

为了更好地考察管理者个人各个背景特征对会计稳健性的影响，本章首先将各个变量单独放入模型，然后将所有变量放在同一模型中进行回归。

表 8-2 描述性统计

变量	全样本 N = 1920				国有上市公司 N1 = 1308				非国有上市公司 N2 = 612			
	平均值	标准差	最小值	最大值	平均值	标准差	最小值	最大值	平均值	标准差	最小值	最大值
Dgend	0.972	0.182	0	1	0.974	0.161	0	1	0.962	0.213	0	1
Dage	50.642	6.916	28	71	51.141	6.227	34	71	49.817	7.894	28	70
Ddegr	3.333	0.939	1	5	3.415	0.865	1	5	3.207	1.039	1	5
Dedu	0.550	0.498	0	1	0.537	0.499	0	1	0.567	0.496	0	1
Dten	5.647	1.032	0.083	8.167	5.614	1.019	0.083	7.167	5.676	1.057	0.09	8.167
Fgend	0.773	0.419	0	1	0.772	0.419	0	1	0.777	0.416	0	1
Fage	43.392	6.609	27	64	44.230	6.581	27	64	41.960	6.406	27	62
Fdegr	3.076	0.877	1	5	3.088	0.870	1	5	3.085	0.876	1	5
Fedu	0.970	0.166	0	1	0.971	0.159	0	1	0.969	0.177	0	1
Ften	5.574	1.073	0.083	9	5.594	1.109	0.083	9	5.492	1.009	0.083	8.167

（一）董事长背景特征与会计稳健性

运用模型（8-1）检验董事长背景特征对会计稳健性的影响，其结果如表8-3和表8-4所示。

表8-3　　　　全样本公司董事长背景特征与会计稳健性

变量	全样本					
	（1）	（2）	（3）	（4）	（5）	（6）
Intercept	0.128***	0.132***	0.141***	0.142***	0.138***	0.138***
	(6.94)	(6.27)	(8.13)	(8.68)	(8.55)	(5.48)
DR	-0.004	-0.006	-0.01	-0.008	-0.011	-0.017
	(-0.22)	(-0.20)	(-0.58)	(-0.88)	(-1.09)	(-0.42)
RET	0.004	0.012	0.012	0.012***	0.011**	0.016
	(0.34)	(0.66)	(1.60)	(2.93)	(2.13)	(0.84)
RET×DR	0.032	0.002	0.021	0.019	0.021	0.044
	(1.28)	(1.06)	(0.91)	(1.95)	(1.57)	(0.76)
Dgend	-0.010					-0.010
	(-0.82)					(-0.98)
DR×Dgend	-0.016					-0.017
	(-0.89)					(-0.98)
RET×Dgend	0.006					0.006
	(1.50)					(0.92)
RET×DR×Dgend	-0.052					-0.053
	(-1.63)					(-1.49)
Dage		0.001				0.001
		(0.09)				(0.06)
DR×Dage		-0.001				-0.001
		(-0.17)				(-0.24)
RET×Dage		-0.001				-0.001
		(-1.21)				(-1.38)
RET×DR×Dage		0.002				0.001
		(0.41)				(0.41)
Ddegr			0.001			0.001
			(0.05)			(0.12)
DR×Ddegr			-0.001			-0.001
			(-0.09)			(-0.05)
RET×Ddegr			-0.001			-0.001
			(-0.29)			(-0.15)

续表

变量	全样本					
	(1)	(2)	(3)	(4)	(5)	(6)
$RET \times DR \times Ddegr$			0.002			0.001
			(0.22)			(0.05)
$Dedu$				-0.006		-0.006
				(-1.20)		(-1.32)
$DR \times Dedu$				-0.007		-0.008
				(-0.81)		(-0.92)
$RET \times Dedu$				-0.003		-0.004
				(-0.69)		(-0.77)
$RET \times DR \times Dedu$				-0.002		-0.001
				(-0.11)		(-0.04)
$Dten$					0.001	0.001
					(0.21)	(0.12)
$DR \times Dten$					-0.001	-0.001
					(-0.08)	(-0.07)
$RET \times Dten$					-0.001	-0.001
					(-0.36)	(-0.30)
$RET \times DR \times Dten$					0.002	0.002
					(0.23)	(0.31)
$Msize$	-0.001	-0.001*	-0.001	-0.001*	-0.001	-0.001*
	(-1.61)	(-1.78)	(-1.62)	(-1.67)	(-1.63)	(-1.72)
$Size$	0.006***	0.006***	0.006***	0.006***	0.006***	0.006***
	(8.29)	(8.04)	(8.22)	(8.21)	(8.26)	(7.93)
$Debt$	0.021***	0.021***	0.021***	0.020***	0.020***	0.021***
	(4.06)	(4.19)	(4.06)	(4.03)	(4.03)	(4.17)
ROA	0.570***	0.569***	0.569***	0.568***	0.569***	0.570***
	(15.40)	(15.37)	(15.40)	(15.44)	(15.40)	(15.33)
$Gshare$	-0.020***	-0.020***	-0.020***	-0.020***	-0.020***	-0.020***
	(-4.97)	(-4.94)	(-4.98)	(-4.91)	(-4.91)	(-4.87)
$Year$	YES	YES	YES	YES	YES	YES
$Indu$	YES	YES	YES	YES	YES	YES
Adj R^2	0.561	0.563	0.560	0.561	0.560	0.565
F 值	45.76	46.55	45.80	46.23	45.82	32.58
样本数（个）	1920	1920	1920	1920	1920	1920

注：括号内为 t 值，*表示10%的显著性水平，**表示5%的显著性水平，***表示1%的显著性水平。

表8-4 不同产权背景下董事长背景特征与会计稳健性

变量	国有上市公司						非国有上市公司					
	(1)	(2)	(3)	(4)	(5)	(6)	(1)	(2)	(3)	(4)	(5)	(6)
Intercept	0.137***	0.136***	0.130***	0.133***	0.137***	0.135***	0.149***	0.146***	0.163***	0.171***	0.152***	0.164***
	(6.65)	(4.65)	(5.90)	(6.34)	(6.47)	(4.00)	(4.75)	(4.30)	(5.66)	(6.20)	(5.43)	(4.31)
DR	-0.014	-0.023	-0.006	-0.007	-0.005	-0.075	-0.002	-0.019	-0.026	-0.009	-0.028**	-0.009
	(-0.64)	(-0.51)	(-0.25)	(-0.41)	(-0.27)	(-1.27)	(-0.10)	(-0.48)	(-1.06)	(-0.81)	(-2.04)	(-0.16)
RET	0.023**	0.001	0.008	0.011*	0.014*	0.007	0.005	0.018	0.016**	0.014***	0.007	0.008
	(2.32)	(0.01)	(0.72)	(1.74)	(1.82)	(0.20)	(0.43)	(0.98)	(1.98)	(3.17)	(1.12)	(0.38)
RET×DRen	0.005	0.009	0.016	0.007	0.018	0.059	0.026	0.006	0.053	0.035**	0.034	0.009
	(0.21)	(0.13)	(0.53)	(0.50)	(1.02)	(0.69)	(0.73)	(0.10)	(1.49)	(2.41)	(1.60)	(0.11)
Dgend	-0.004					-0.006	-0.005					-0.006
	(-0.41)					(-0.46)	(-0.42)					(-0.56)
DR×Dgend	-0.022					-0.021	-0.017					-0.016
	(-1.36)					(-1.19)	(-0.69)					(-0.67)
RET×Dgend	-0.012					-0.013	0.004					0.005
	(-1.12)					(-0.95)	(0.30)					(0.50)
RET×DRen×Dgend	-0.008					-0.002	-0.056					-0.057
	(-0.29)					(-0.09)	(-1.48)					(-1.59)
Dage		0.001				0.001		0.001				0.001
		(0.11)				(0.01)		(0.23)				(0.27)
DR×Dage		-0.001				-0.001		-0.001				-0.001
		(-0.70)				(-0.89)		(-0.01)				(-0.11)

续表

变量	国有上市公司						非国有上市公司					
	(1)	(2)	(3)	(4)	(5)	(6)	(1)	(2)	(3)	(4)	(5)	(6)
$RET \times Dage$		-0.001 (-0.38)				-0.001 (-0.41)		-0.001 (-1.58)				-0.001 (-1.26)
$RET \times DRen \times Dage$		0.001 (0.22)				0.001 (0.55)		0.001* (1.84)				0.001* (1.73)
$Ddegr$			0.002 (0.57)			0.002 (0.76)			0.002 (0.68)			0.001 (0.55)
$DR \times Ddegr$			-0.004 (-0.70)			-0.005 (-0.84)			-0.002 (-0.32)			-0.003 (-0.38)
$RET \times Ddegr$			-0.001 (-0.36)			-0.002 (-0.76)			-0.002 (-0.87)			-0.001 (-0.48)
$RET \times DRen \times Ddegr$			0.008 (0.96)			0.010 (1.17)			0.007 (0.68)			0.007 (0.56)
$Dedu$				-0.002 (-0.30)		-0.001 (-0.21)				-0.016** (-2.53)		-0.015*** (-2.62)
$DR \times Dedu$				-0.002 (-0.20)		-0.003 (-0.27)				-0.018 (-1.42)		-0.018 (-1.36)
$RET \times Dedu$				0.002 (1.24)		0.002 (1.21)				-0.008 (-1.44)		-0.008 (-1.46)
$RET \times DRen \times Dedu$				-0.011* (-1.76)		-0.010* (-1.69)				-0.008 (-0.43)		-0.007 (-0.37)
$Dten$					0.002 (0.90)	0.002 (0.93)					0.003 (1.25)	0.003 (1.19)

续表

变量	国有上市公司						非国有上市公司					
	(1)	(2)	(3)	(4)	(5)	(6)	(1)	(2)	(3)	(4)	(5)	(6)
$DR \times Dten$					-0.003	-0.001					-0.006	-0.007
					(-0.43)	(-0.15)					(-0.89)	(-1.01)
$RET \times Dten$					-0.002	-0.002					-0.001	-0.001
					(-0.63)	(-0.69)					(-0.54)	(-0.31)
$RET \times DRen \times Dten$					0.003	0.005					0.002*	0.002*
					(0.39)	(0.61)					(1.88)	(1.76)
$Msize$	-0.001	-0.001	-0.001	-0.001	-0.001	-0.001	-0.001	-0.001	-0.001	-0.001	-0.001	-0.001
	(-1.17)	(-1.23)	(-1.19)	(-1.22)	(-1.23)	(-1.08)	(-0.95)	(-1.40)	(-0.93)	(-1.10)	(-0.93)	(-1.44)
$Size$	0.006***	0.006***	0.006***	0.006***	0.006***	0.006***	0.007***	0.007***	0.008***	0.008***	0.008***	0.008***
	(6.22)	(6.33)	(6.31)	(6.19)	(6.17)	(6.15)	(5.32)	(5.30)	(5.40)	(5.61)	(5.47)	(5.43)
$Debt$	0.021***	0.021***	0.021***	0.021***	0.021***	0.021***	0.021***	0.022***	0.022***	0.020**	0.020**	0.019**
	(3.15)	(3.18)	(3.11)	(3.12)	(3.14)	(3.12)	(2.67)	(2.64)	(2.52)	(2.60)	(2.56)	(2.40)
ROA	0.606***	0.607***	0.606***	0.606***	0.607***	0.608***	0.524***	0.521***	0.523***	0.521***	0.521***	0.521***
	(11.49)	(11.50)	(11.47)	(11.47)	(11.51)	(11.42)	(9.22)	(9.28)	(9.25)	(9.45)	(9.32)	(9.28)
$Gshare$	-0.005	-0.004	-0.005	-0.005	-0.005	-0.004	-0.016*	-0.017*	-0.016*	-0.012	-0.016*	-0.015*
	(-0.63)	(-0.62)	(-0.72)	(-0.65)	(-0.62)	(-0.61)	(-1.71)	(-1.81)	(-1.73)	(-1.39)	(-1.75)	(-1.65)
$Year$	YES	YES	YES	YES	YES	YES	YES	YES	YES	YES	YES	YES
$Indu$	YES	YES	YES	YES	YES	YES	YES	YES	YES	YES	YES	YES
Adj R^2	0.543	0.544	0.542	0.542	0.543	0.546	0.617	0.622	0.618	0.622	0.618	0.630
F值	30.36	30.18	30.27	30.45	30.09	31.34	36.90	37.42	36.92	36.59	37.15	23.27
样本数（个）	1308	1308	1308	1308	1308	1308	612	612	612	612	612	612

注：括号内为 t 值，* 表示 10% 的显著性水平，** 表示 5% 的显著性水平，*** 表示 1% 的显著性水平。

　　从全样本公司（见表 8 - 3）看，董事长的年龄、学历和任期对会计稳健性的影响为正；董事长的性别和教育背景对会计稳健性的影响为负。这些结论与管理者团队背景特征的平均水平对会计稳健性的影响存在较大的相似性。

　　通过比较国有上市公司和非国有上市公司的回归结果（见表 8 - 4）可以看出，在这两类不同产权性质的样本公司中，除董事长的性别和学历对会计稳健性的影响不存在明显差异外，董事长的年龄、教育背景和任期对会计稳健性的影响均存在明显差异。具体表现在：国有上市公司董事长的任期和年龄对会计稳健性的影响不显著，而非国有上市公司董事长的任期和年龄均对会计稳健性的影响显著为正；国有上市公司董事长的金融、会计或经济管理类教育背景对会计稳健性的影响显著为负，而非国有上市公司董事长的这种教育背景对会计稳健性的影响不显著。造成这些差异的原因可能是：一方面，由于许多非国有上市公司的董事长本身就是大股东，因此他们会把公司的稳定发展视为自己的事业和人生价值的体现，从而在收益与风险的权衡下会更加重视风险，在会计政策的选择上也就会更加谨慎；而另一方面，由于国有上市公司的所有者缺位和监督约束机制不完善，再加上董事长在公司中的地位最高，权力最大，因此董事长作为代理人出于对个人声誉、薪酬水平或职位晋升等方面的考虑，就会在风险和收益的权衡下更加关注收益，从而操纵会计政策，造成会计稳健性下降。

　　（二）财务总监背景特征与会计稳健性

　　运用模型（8-2）检验财务总监背景特征对会计稳健性的影响。其结果如表 8 - 5 和表 8 - 6 所示。

表 8 - 5　　　　　　全样本公司财务总监背景特征与会计稳健性

变量	全样本					
	(1)	(2)	(3)	(4)	(5)	(6)
Intercept	0. 141 ***	0. 161 ***	0. 138 ***	0. 131 ***	0. 141 ***	0. 568 ***
	(8. 02)	(9. 36)	(6. 77)	(7. 09)	(7. 72)	(7. 79)
DR	− 0. 011	− 0. 027	− 0. 005	− 0. 011	− 0. 006	− 0. 014
	(− 1. 35)	(− 1. 13)	(− 0. 35)	(− 0. 64)	(− 0. 52)	(− 0. 37)

续表

变量	全样本					
	（1）	（2）	（3）	（4）	（5）	（6）
RET	0.009**	0.036**	0.005	0.011	0.010**	0.03
	（2.43）	（2.49）	（0.86）	（1.59）	（2.29）	（1.59）
RET × DR	0.012*	0.133***	0.015	0.013	0.014	0.076
	（1.95）	（2.41）	（0.76）	（0.55）	（0.99）	（1.08）
Fgend	−0.001					−0.002
	（−0.10）					（−0.57）
DR × Fgend	0.084					0.080
	（0.82）					（0.75）
RET × Fgend	0.001					0.002
	（0.12）					（0.50）
RET × DR × Fgend	−0.003**					−0.001*
	（−2.12）					（−1.93）
Fage		0.001***				0.001**
		（2.61）				（2.31）
DR × Fage		−0.001				−0.001
		（−0.72）				（−0.40）
RET × Fage		−0.001*				−0.001*
		（−1.77）				（−1.67）
RET × DR × Fage		0.003***				0.003***
		（2.96）				（2.84）
Fdegr			0.007***			0.007***
			（3.92）			（3.70）
DR × Fdegr			−0.001			−0.001
			（−0.31）			（−0.14）
RET * Fdegr			−0.006***			−0.006***
			（−3.72）			（−3.62）
RET × DR × Fdegr			0.014*			0.012*
			（1.88）			（1.69）
Fedu				−0.001		−0.003
				（−0.06）		（−0.38）

续表

变量	全样本					
	(1)	(2)	(3)	(4)	(5)	(6)
$DR \times Fedu$				-0.023		-0.022
				(-1.45)		(-1.48)
$RET \times Fedu$				0.002		0.006
				(0.23)		(0.76)
$RET \times DR \times Fedu$				-0.022*		-0.022*
				(-1.88)		(-1.78)
$Ften$					0.001	0.001
					(0.47)	(0.63)
$DR \times Ften$					-0.003	-0.005
					(-0.62)	(-0.86)
$RET \times Ften$					-0.001	-0.001
					(-1.17)	(-1.49)
$RET \times DR \times Ften$					0.012**	0.015**
					(2.34)	(2.11)
$Msize$	-0.001*	-0.001	-0.001	-0.001*	-0.001	-0.001
	(-1.67)	(-1.57)	(-1.27)	(-1.65)	(-1.64)	(-1.26)
$Size$	0.006***	0.006***	0.007***	0.006***	0.006***	0.007***
	(6.45)	(6.00)	(6.76)	(6.29)	(6.13)	(6.12)
$Debt$	0.011***	0.022***	0.021***	0.020***	0.021***	0.021***
	(3.10)	(3.15)	(3.82)	(3.03)	(3.06)	(3.03)
ROA	0.578***	0.570***	0.567***	0.568***	0.568***	0.576***
	(10.91)	(10.39)	(10.53)	(10.44)	(10.42)	(10.55)
$Gshare$	-0.020***	-0.020***	-0.019***	-0.020***	-0.020***	-0.019***
	(-3.88)	(-3.85)	(-3.67)	(-3.95)	(-3.96)	(-3.62)
$Year$	YES	YES	YES	YES	YES	YES
$Indu$	YES	YES	YES	YES	YES	YES
Adj R^2	0.562	0.563	0.563	0.561	0.562	0.562
F 值	44.80	44.10	44.38	44.85	44.45	35.71
样本数（个）	1920	1920	1920	1920	1920	1920

注：括号内为 t 值，* 表示 10% 的显著性水平，** 表示 5% 的显著性水平，*** 表示 1% 的显著性水平。

表8-6 不同产权背景下财务总监背景特征与会计稳健性

变量	国有上市公司						非国有上市公司					
	(1)	(2)	(3)	(4)	(5)	(6)	(1)	(2)	(3)	(4)	(5)	(6)
Intercept	0.134***	0.168***	0.128***	0.162***	0.137***	0.199***	0.166***	0.182***	0.124***	0.135***	0.153***	0.144***
	(5.74)	(6.51)	(6.19)	(6.91)	(6.13)	(6.17)	(5.87)	(5.88)	(4.38)	(4.70)	(4.45)	(4.39)
DR	-0.008	-0.01	-0.007	-0.043	-0.003	-0.053	-0.017**	-0.025	-0.015	-0.012	-0.023	-0.002
	(-0.47)	(-0.28)	(-0.30)	(-1.24)	(-0.15)	(-1.01)	(-2.35)	(-0.74)	(-0.80)	(-0.74)	(-1.39)	(-0.04)
RET	0.009	0.042	0.001	0.032***	0.012*	0.047*	0.011**	0.026*	0.013*	0.002	0.008	0.012
	(1.88)	(1.68)	(0.02)	(3.22)	(1.70)	(1.71)	(2.14)	(1.72)	(1.72)	(0.32)	(1.41)	(0.71)
RET×DRen	0.013	0.119**	0.005	0.014	0.003	0.070	0.038**	0.088	0.031	0.025	0.029	0.012
	(0.85)	(2.30)	(0.16)	(0.25)	(0.20)	(0.81)	(2.41)	(1.61)	(1.02)	(1.08)	(1.14)	(0.14)
Fgend	-0.001					-0.002	-0.001					-0.001
	(-0.18)					(-0.33)	(-0.05)					(-0.18)
DR×Fgend	0.055					0.050	0.334**					0.340**
	(0.47)					(0.43)	(2.35)					(2.33)
RET×Fgend	0.003					0.001	0.003					0.004
	(0.58)					(0.03)	(0.54)					(0.68)
RET×DRen× Fgend	-0.011**					-0.008*	-0.011*					-0.012*
	(-2.08)					(-1.89)	(-1.69)					(-1.69)
Fage		-0.001*				-0.001		0.001*				0.001*
		(-1.75)				(-1.43)		(1.69)				(1.80)
DR×Fage		-0.001				-0.001		-0.001				-0.001
		(-0.05)				(-0.03)		(-0.25)				(-0.04)

续表

变量	国有上市公司 (1)	(2)	(3)	(4)	(5)	(6)	非国有上市公司 (1)	(2)	(3)	(4)	(5)	(6)
$RET \times Fage$		0.001 (1.15)				0.001 (0.98)		-0.001 (-1.22)				-0.001* (-1.70)
$RET \times DRen \times Fage$		-0.012** (-2.11)				-0.012* (-1.62)		0.007** (2.26)				0.004** (1.99)
$Fdegr$			0.004* (1.83)			0.004 (1.58)			-0.012*** (-4.39)			-0.012*** (-4.38)
$DR \times Fdegr$			-0.001 (-0.05)			-0.001 (-0.14)			-0.001 (-0.09)			-0.001 (-0.04)
$RET \times Fdegr$			-0.004** (-1.96)			-0.004* (-1.72)			0.009*** (3.92)			0.009*** (4.22)
$RET \times DRen \times Fdegr$			0.027** (2.24)			0.025** (2.23)			-0.022** (-2.23)			-0.022* (-1.95)
$Fedu$				-0.027** (-2.11)		-0.026* (-1.89)				-0.022** (-2.08)		-0.019** (-1.97)
$DR \times Fedu$				-0.055 (-1.67)		-0.053* (-1.66)				-0.008 (-0.53)		-0.01 (-0.58)
$RET \times Fedu$				0.021** (2.03)		0.019* (1.66)				0.006 (0.83)		0.002 (0.21)
$RET \times DRen \times Fedu$				-0.025*** (-2.48)		-0.024** (-2.41)				-0.006** (-2.34)		-0.021* (-1.99)
$Ften$					-0.002 (-0.85)	-0.002 (-0.96)					0.003 (1.16)	0.002 (0.94)

续表

变量	国有上市公司						非国有上市公司					
	(1)	(2)	(3)	(4)	(5)	(6)	(1)	(2)	(3)	(4)	(5)	(6)
$DR \times Ften$					-0.006 (-1.00)	-0.006 (-0.96)					-0.002 (-0.20)	-0.001 (-0.12)
$RET \times Ften$					0.001 (0.06)	0.001 (0.28)					-0.001 (-0.09)	-0.001 (-0.22)
$RET \times DRen \times Ften$					-0.002* (-1.92)	-0.003* (-1.75)					0.005** (2.22)	0.004** (1.99)
$Msize$	-0.001 (-1.25)	-0.001 (-1.09)	-0.001 (-1.11)	-0.001 (-1.18)	-0.001 (-1.23)	-0.001 (-1.01)	-0.001 (-1.00)	-0.001 (-1.01)	-0.001 (-0.56)	-0.001 (-0.97)	-0.001 (-0.83)	-0.001 (-0.50)
$Size$	0.006*** (6.32)	0.006*** (6.30)	0.006*** (6.35)	0.006*** (6.38)	0.006*** (6.35)	0.006*** (6.33)	0.007*** (5.72)	0.007*** (5.30)	0.008*** (5.31)	0.008*** (5.52)	0.008*** (5.43)	0.008*** (5.73)
$Debt$	0.021*** (3.12)	0.022*** (3.24)	0.020*** (3.11)	0.021*** (3.07)	0.021*** (3.21)	0.022*** (3.19)	0.022*** (2.76)	0.021*** (2.65)	0.019*** (2.51)	0.020** (2.55)	0.021** (2.64)	0.020** (2.49)
ROA	0.624*** (10.08)	0.605*** (10.64)	0.615*** (10.53)	0.607*** (10.53)	0.615*** (10.51)	0.611*** (10.24)	0.534*** (8.87)	0.525*** (8.27)	0.527*** (8.55)	0.521*** (8.26)	0.524*** (8.34)	0.542*** (8.01)
$Gshare$	-0.047 (-1.47)	-0.046 (-1.42)	-0.047 (-1.46)	-0.052 (-1.42)	-0.043* (-1.93)	-0.041 (-1.32)	-0.016*** (-3.56)	-0.016*** (-3.54)	-0.013*** (-3.42)	-0.015*** (-3.37)	-0.016*** (-3.38)	-0.013*** (-2.82)
$Year$	YES	YES	YES	YES	YES	YES	YES	YES	YES	YES	YES	YES
$Indu$	YES	YES	YES	YES	YES	YES	YES	YES	YES	YES	YES	YES
Adj R^2	0.544	0.534	0.535	0.541	0.541	0.541	0.620	0.629	0.630	0.618	0.617	0.612
F值	31.40	30.71	30.41	30.41	30.51	21.92	35.57	35.58	37.95	37.52	37.15	24.92
样本数（个）	1308	1308	1308	1308	1308	1308	612	612	612	612	612	612

注：括号内为 t 值，*表示10%的显著性水平，**表示5%的显著性水平，***表示1%的显著性水平。

从全样本公司（见表8－5）看，财务总监的年龄、学历和任期对会计稳健性的影响均显著为正；财务总监的性别和教育背景对会计稳健性的影响显著为负。这些结论与管理者团队背景特征的平均水平对会计稳健性的影响存在较大的相似性。

通过比较国有上市公司和非国有上市公司的回归结果（见表8－6）可以看出，在这两类不同产权性质的公司中除财务总监的性别和教育背景对会计稳健性的影响不存在明显差异外，财务总监的学历、年龄和任期对会计稳健性的影响均存在明显差异。具体而言，国有上市公司财务总监的学历对会计稳健性的影响显著为正，而非国有上市公司财务总监的学历对会计稳健性的影响显著为负。这可能是因为国有上市公司财务总监的学历普遍高于非国有上市公司，一般认为学历越高越理性，表现在会计政策的选择上就会越谨慎；国有上市公司财务总监的年龄和任期对会计稳健性的影响显著为负，而非国有上市公司财务总监的年龄和任期对会计稳健性的影响显著为正。这可能是因为国有上市公司的财务总监一般是委派或者任命，而这种任命的不确定性便使得财务总监随着年龄和任期的增大，过多地考虑自己和上级领导的政治前途，从而操纵会计政策，降低会计稳健性（Shleifer and Vishny，1997），而对非国有上市公司财务总监实行的是市场选择机制，因而不存在这种类似的激励。

三　稳健性检验

本章同样采用应计—现金流法对上述实证结论进行了实证检验，结果如表8－7—表8－10所示。该方法下的实证研究结果与股票—报酬率法下的实证结果基本是一致的，因此上述研究结果是比较稳健的。

表8－7　　全样本公司董事长背景特征与会计稳健性—应计现金流法

变量	全样本					
	(1)	(2)	(3)	(4)	(5)	(6)
Intercept	0.128 ***	0.123 ***	0.130 ***	0.142 ***	0.138 ***	0.118 ***
	(3.93)	(3.26)	(3.28)	(3.65)	(3.52)	(3.48)
DR	−0.004	−0.005	−0.01	−0.007	−0.011	−0.027
	(−0.32)	(−0.20)	(−0.59)	(−0.88)	(−0.09)	(−0.42)

续表

变量	全样本					
	(1)	(2)	(3)	(4)	(5)	(6)
CFO	0.004	0.013	0.012	0.013 ***	0.021 **	0.016
	(0.35)	(0.66)	(1.62)	(2.83)	(2.14)	(0.84)
CFO × DR	0.032	0.003	0.021	0.018	0.021	0.045
	(1.28)	(1.06)	(0.81)	(1.25)	(1.27)	(0.76)
Dgend	−0.010					−0.010
	(−0.82)					(−0.98)
DR × Dgend	−0.017					−0.018
	(−0.89)					(−0.98)
CFO × Dgend	0.006					0.006
	(1.55)					(0.92)
CFO × DR × Dgend	−0.052					−0.053
	(−1.63)					(−1.49)
Dage		0.001				0.001
		(0.09)				(0.06)
DR × Dage		−0.001				−0.001
		(−0.18)				(−0.24)
CFO × Dage		−0.001				−0.001
		(−1.01)				(−1.37)
CFO × DR × Dage		0.011				0.001
		(0.50)				(0.51)
Ddegr			0.001			0.001
			(0.05)			(0.12)
DR × Ddegr			−0.003			−0.001
			(−0.09)			(−0.05)
CFO × Ddegr			−0.001			−0.001
			(−0.29)			(−0.14)
CFO × DR × Ddegr			0.011			0.011
			(0.62)			(0.65)
Dedu				−0.005		−0.006
				(−1.20)		(−1.32)
DR × Dedu				−0.007		−0.008
				(−0.83)		(−0.92)

续表

变量	全样本					
	(1)	(2)	(3)	(4)	(5)	(6)
$CFO * Dedu$				−0.003		−0.004
				(−0.69)		(−0.77)
$CFO \times DR \times Dedu$				−0.011		−0.011
				(−0.20)		(−0.05)
$Dten$					0.001	0.001
					(0.31)	(0.12)
$DR \times Dten$					−0.001	−0.001
					(−0.08)	(−0.07)
$CFO \times Dten$					−0.011	−0.001
					(−0.36)	(−0.30)
$CFO \times DR \times Dten$					0.021	0.022
					(0.22)	(0.31)
$Msize$	−0.001	−0.001*	−0.001	−0.001*	−0.001	−0.001*
	(−1.61)	(−1.78)	(−1.62)	(−1.67)	(−1.63)	(−1.72)
$Size$	0.006***	0.006***	0.006***	0.006***	0.006***	0.006***
	(6.29)	(6.24)	(6.22)	(6.23)	(6.26)	(6.33)
$Debt$	0.011***	0.011***	0.011***	0.010***	0.010***	0.011***
	(3.06)	(3.18)	(3.06)	(3.03)	(3.03)	(3.07)
ROA	0.580***	0.569***	0.589***	0.568***	0.589***	0.579***
	(10.40)	(10.36)	(10.40)	(10.44)	(10.40)	(10.33)
$Gshare$	−0.021***	−0.021***	−0.021***	−0.021***	−0.021***	−0.021***
	(−3.97)	(−3.96)	(−3.98)	(−3.94)	(−3.91)	(−3.87)
$Year$	YES	YES	YES	YES	YES	YES
$Indu$	YES	YES	YES	YES	YES	YES
Adj R^2	0.562	0.562	0.560	0.563	0.560	0.564
F 值	45.06	45.55	45.81	45.23	45.81	33.58
样本数（个）	1920	1920	1920	1920	1920	1920

注：括号内为 t 值，* 表示10%的显著性水平，** 表示5%的显著性水平，*** 表示1%的显著性水平。

表8-8　不同产权背景下董事长背景特征与会计稳健性—应计现金流法

变量	国有上市公司 (1)	(2)	(3)	(4)	(5)	(6)	非国有上市公司 (1)	(2)	(3)	(4)	(5)	(6)
Intercept	0.137*** (3.65)	0.138*** (3.65)	0.130*** (3.90)	0.133*** (3.35)	0.137*** (3.47)	0.136*** (3.02)	0.139*** (3.76)	0.143*** (3.30)	0.143*** (3.66)	0.141*** (3.20)	0.142*** (3.43)	0.144*** (3.38)
DR	-0.015 (-0.64)	-0.023 (-0.56)	-0.007 (-0.25)	-0.007 (-0.11)	-0.006 (-0.27)	-0.075 (-1.26)	-0.001 (-0.10)	-0.019 (-0.47)	-0.036 (-1.06)	-0.009 (-0.71)	-0.027** (-2.14)	-0.009 (-0.16)
CFO	0.023** (2.36)	0.011 (0.01)	0.008 (0.75)	0.012* (1.74)	0.014* (1.85)	0.008 (0.20)	0.005 (0.43)	0.018 (0.88)	0.026** (1.99)	0.015*** (3.27)	0.007 (1.12)	0.008 (0.38)
CFO×DR	0.005 (0.21)	0.009 (0.13)	0.018 (0.53)	0.007 (0.50)	0.018 (1.05)	0.059 (0.69)	0.026 (0.73)	0.008 (0.10)	0.053 (1.49)	0.035 (1.41)	0.034 (1.60)	0.008 (0.11)
Dgend	-0.004 (-0.31)					-0.005 (-0.46)	-0.005 (-0.42)					-0.006 (-0.56)
DR×Dgend	-0.012 (-1.26)					-0.021 (-1.19)	-0.017 (-0.69)					-0.015 (-0.67)
CFO×Dgend	-0.012 (-1.12)					-0.012 (-0.95)	0.004 (0.30)					0.005 (0.50)
CFO×DR×Dgend	-0.009 (-0.29)					-0.002 (-0.09)	-0.056 (-1.58)					-0.058 (-1.59)
Dage		0.001 (0.11)				0.001 (0.01)		0.001 (0.23)				0.001 (0.27)
DR×Dage		-0.021 (-0.70)				-0.021 (-0.89)		-0.001 (-0.01)				-0.001 (-0.11)

续表

变量	国有上市公司						非国有上市公司					
	(1)	(2)	(3)	(4)	(5)	(6)	(1)	(2)	(3)	(4)	(5)	(6)
$CFO \times Dage$		-0.001 (-0.58)				-0.001 (-0.51)		-0.001 (-1.58)				-0.001 (-1.16)
$CFO \times DR \times Dage$		0.001 (0.32)				0.001 (0.55)		0.011* (1.94)				0.011* (1.83)
$Ddegr$			0.003 (0.57)			0.002 (0.56)			0.002 (0.68)			0.001 (0.56)
$DR \times Ddegr$			-0.004 (-0.71)			-0.005 (-0.84)			-0.002 (-0.32)			-0.003 (-0.38)
$CFO \times Ddegr$			-0.001 (-0.35)			-0.003 (-0.76)			-0.003 (-0.87)			-0.001 (-0.48)
$CFO \times DR \times Ddegr$			0.008 (0.97)			0.011 (1.07)			0.008 (0.68)			0.017 (0.56)
$Dedu$				-0.002 (-0.30)		-0.001 (-0.21)				-0.016 (-0.53)		-0.015 (-0.62)
$DR \times Dedu$				-0.002 (-0.20)		-0.003 (-0.27)				-0.018 (-1.43)		-0.018 (-1.36)
$CFO \times Dedu$				0.002 (1.04)		0.002 (1.01)				-0.008 (-1.44)		-0.008 (-1.42)
$CFO \times DR \times Dedu$				-0.011* (-1.78)		-0.011* (-1.79)				-0.007 (-0.42)		-0.006 (-0.47)
$Dten$					0.002 (0.90)	0.002 (0.93)					0.003 (1.05)	0.003 (1.19)

续表

变量	国有上市公司						非国有上市公司					
	(1)	(2)	(3)	(4)	(5)	(6)	(1)	(2)	(3)	(4)	(5)	(6)
$DR \times Dten$					−0.004 (−0.43)	−0.001 (−0.15)					−0.006 (−0.89)	−0.007 (−1.01)
$CFO \times Dten$					−0.002 (−0.63)	−0.003 (−0.69)					−0.001 (−0.53)	−0.001 (−0.51)
$CFO \times DR \times Dten$					0.005 (0.38)	0.005 (0.31)					0.011* (1.89)	0.011* (1.86)
$Msize$	−0.001 (−1.06)	−0.001 (−1.03)	−0.001 (−1.01)	−0.001 (−1.02)	−0.001 (−1.03)	−0.001 (−1.07)	−0.001 (−0.95)	−0.001 (−1.41)	−0.001 (−0.93)	−0.001 (−1.10)	−0.001 (−0.93)	−0.001 (−1.40)
$Size$	0.006*** (6.23)	0.006*** (6.23)	0.006*** (6.31)	0.006*** (6.29)	0.006*** (6.27)	0.006*** (6.19)	0.007*** (4.30)	0.007*** (4.31)	0.008*** (4.45)	0.008*** (4.61)	0.008*** (4.47)	0.008*** (4.42)
$Debt$	0.021*** (3.05)	0.021*** (3.10)	0.021*** (3.01)	0.021*** (3.11)	0.021*** (3.04)	0.021*** (3.12)	0.021*** (2.87)	0.022*** (2.69)	0.021*** (2.59)	0.020*** (2.80)	0.020*** (2.76)	0.018*** (2.70)
ROA	0.609*** (10.49)	0.607*** (10.50)	0.606*** (10.47)	0.606*** (10.47)	0.609*** (10.51)	0.608*** (10.42)	0.504*** (8.22)	0.528*** (8.27)	0.528*** (8.25)	0.501*** (8.45)	0.501*** (8.32)	0.501*** (8.28)
$Gshare$	−0.005 (−0.73)	−0.004 (−0.62)	−0.005 (−0.72)	−0.005 (−0.75)	−0.005 (−0.62)	−0.004 (−0.61)	−0.016* (−1.91)	−0.018* (−1.81)	−0.016* (−1.83)	−0.012 (−1.39)	−0.016* (−1.85)	−0.015* (−1.65)
$Year$	YES	YES	YES	YES	YES	YES	YES	YES	YES	YES	YES	YES
$Indu$	YES	YES	YES	YES	YES	YES	YES	YES	YES	YES	YES	YES
Adj R^2	0.563	0.565	0.562	0.562	0.563	0.566	0.518	0.522	0.518	0.522	0.518	0.531
F值	30.26	30.19	30.17	30.14	30.12	28.10	35.90	35.45	35.12	35.58	35.25	27.29
样本数（个）	1308	1308	1308	1308	1308	1308	612	612	612	612	612	612

注：括号内为 t 值，* 表示 10% 的显著性水平，** 表示 5% 的显著性水平，*** 表示 1% 的显著性水平。

表8-9 全样本公司财务总监背景特征与会计稳健性—应计现金流法

变量	全样本					
	(1)	(2)	(3)	(4)	(5)	(6)
Intercept	0.140 ***	0.170 ***	0.128 ***	0.140 ***	0.140 ***	0.167 ***
	(9.03)	(9.37)	(7.78)	(8.08)	(8.73)	(7.78)
DR	-0.011	-0.027	-0.005	-0.011	-0.006	-0.014
	(-1.35)	(-1.13)	(-0.35)	(-0.64)	(-0.52)	(-0.37)
CFO	0.009 **	0.036 **	0.005	0.011	0.010 **	0.03
	(2.43)	(2.49)	(0.86)	(1.59)	(2.29)	(1.59)
CFO × DR	0.022 *	0.133 ***	0.016	0.013	0.014	0.076
	(1.95)	(3.41)	(0.76)	(0.55)	(0.99)	(1.28)
Fgend	-0.001					-0.002
	(-0.10)					(-0.57)
DR × Fgend	0.084					0.080
	(0.82)					(0.75)
CFO × Fgend	0.001					0.002
	(0.12)					(0.50)
CFO × DR × Fgend	-0.004 **					-0.011 *
	(-2.01)					(-1.83)
Fage		0.001 ***				0.001 **
		(2.61)				(2.31)
DR × Fage		-0.001				-0.001
		(-0.72)				(-0.40)
CFO × Fage		-0.001 *				-0.001 *
		(-1.77)				(-1.67)
CFO × DR × Fage		0.003 ***				0.003 ***
		(3.05)				(2.63)
Fdegr			0.007 ***			0.007 ***
			(3.92)			(3.70)
DR × Fdegr			-0.001			-0.001
			(-0.31)			(-0.14)
CFO × Fdegr			-0.006 ***			-0.006 ***
			(-3.72)			(-3.62)
CFO × DR × Fdegr			0.013 *			0.012 *
			(1.88)			(1.67)
Fedu				-0.001		-0.003
				(-0.06)		(-0.38)

续表

变量	全样本					
	(1)	(2)	(3)	(4)	(5)	(6)
$DR \times Fedu$				−0.023		−0.022
				(−1.45)		(−1.48)
$CFO \times Fedu$				0.002		0.006
				(0.23)		(0.76)
$CFO \times DR \times Fedu$				−0.032*		−0.022*
				(−1.79)		(−1.74)
$Ften$					0.001	0.001
					(0.47)	(0.63)
$DR \times Ften$					−0.003	−0.005
					(−0.62)	(−0.86)
$CFO \times Ften$					−0.001	−0.001
					(−1.17)	(−1.49)
$CFO \times DR \times Ften$					0.002**	0.004**
					(2.34)	(2.01)
$Msize$	−0.001*	−0.001	−0.001	−0.001*	−0.001	−0.001
	(−1.67)	(−1.57)	(−1.27)	(−1.65)	(−1.64)	(−1.26)
$Size$	0.006***	0.006***	0.007***	0.006***	0.006***	0.007***
	(8.45)	(8.00)	(8.77)	(8.27)	(8.33)	(8.82)
$Debt$	0.021***	0.021***	0.020***	0.020***	0.021***	0.021***
	(4.10)	(4.15)	(3.92)	(4.03)	(4.06)	(4.03)
ROA	0.578***	0.570***	0.567***	0.568***	0.568***	0.576***
	(13.91)	(15.39)	(15.55)	(15.40)	(15.40)	(13.95)
$Gshare$	−0.020***	−0.020***	−0.019***	−0.020***	−0.020***	−0.019***
	(−4.88)	(−4.84)	(−4.67)	(−4.950)	(−4.97)	(−4.63)
$Year$	YES	YES	YES	YES	YES	YES
$Indu$	YES	YES	YES	YES	YES	YES
Adj R^2	0.561	0.563	0.566	0.560	0.560	0.569
F 值	45.80	47.10	46.38	45.85	46.45	33.71
样本数（个）	1920	1920	1920	1920	1920	1920

注：括号内为 t 值，*表示10%的显著性水平，**表示5%的显著性水平，***表示1%的显著性水平。

表8－10 不同产权背景下财务总监背景特征与会计稳健性—应计现金流法

变量	国有上市公司						非国有上市公司					
	(1)	(2)	(3)	(4)	(5)	(6)	(1)	(2)	(3)	(4)	(5)	(6)
Intercept	0.134***	0.169***	0.128***	0.161***	0.137***	0.189***	0.166***	0.181***	0.124***	0.136***	0.153***	0.144***
	(6.74)	(6.61)	(6.09)	(6.91)	(6.73)	(6.14)	(5.97)	(5.88)	(4.38)	(4.70)	(5.45)	(4.38)
DR	-0.008	-0.01	-0.007	-0.043	-0.003	-0.053	-0.017**	-0.025	-0.015	-0.012	-0.023	-0.002
	(-0.47)	(-0.28)	(-0.30)	(-1.24)	(-0.15)	(-1.01)	(-2.35)	(-0.74)	(-0.80)	(-0.74)	(-1.39)	(-0.04)
CFO	0.009	0.042	0.001	0.032***	0.012*	0.047*	0.011**	0.026*	0.013*	0.002	0.008	0.012
	(1.88)	(1.68)	(0.02)	(3.22)	(1.70)	(1.71)	(2.14)	(1.72)	(1.72)	(0.32)	(1.41)	(0.71)
CFO×DR	0.013	0.119**	0.005	0.014	0.003	0.070	0.038**	0.088	0.031	0.025	0.029	0.012
	(0.85)	(2.30)	(0.16)	(0.25)	(0.20)	(0.81)	(2.41)	(1.61)	(1.02)	(1.08)	(1.14)	(0.14)
Fgend	-0.001					-0.002	-0.001					-0.001
	(-0.19)					(-0.33)	(-0.05)					(-0.18)
DR×Fgend	0.055					0.050	0.334**					0.340**
	(0.47)					(0.43)	(2.35)					(2.33)
CFO×Fgend	0.003					0.001	0.003					0.004
	(0.58)					(0.03)	(0.54)					(0.68)
CFO×DR×Fgend	-0.001**					-0.007*	-0.011*					-0.013*
	(-1.98)					(-1.79)	(-1.69)					(-1.68)
Fage		-0.001*				-0.001		0.001*				0.001*
		(-1.75)				(-1.43)		(1.69)				(1.80)
DR×Fage		-0.001				-0.001		-0.001				-0.001
		(-0.05)				(-0.03)		(-0.25)				(-0.04)

续表

变量	国有上市公司						非国有上市公司					
	(1)	(2)	(3)	(4)	(5)	(6)	(1)	(2)	(3)	(4)	(5)	(6)
$CFO \times Fage$		0.001 (1.15)				0.001 (0.98)		-0.001 (-1.22)				-0.001* (-1.70)
$CFO \times DR \times Fage$		-0.002** (-2.10)				-0.002* (-1.82)		0.005** (2.36)				0.004** (1.98)
$Fdegr$			0.004* (1.83)			0.004 (1.58)			-0.012*** (-4.39)			-0.012*** (-4.38)
$DR \times Fdegr$			-0.001 (-0.05)			-0.001 (-0.14)			-0.001 (-0.09)			-0.001 (-0.04)
$CFO \times Fdegr$			-0.004** (-1.96)			-0.004* (-1.72)			0.009*** (3.92)			0.009*** (4.22)
$CFO \times DR \times Fdegr$			0.027** (2.34)			0.026** (2.21)			-0.022** (-2.21)			-0.022* (-1.95)
$Fedu$				-0.027** (-2.11)		-0.026* (-1.89)				-0.022** (-2.08)		-0.019** (-1.97)
$DR \times Fedu$				-0.055 (-1.67)		-0.053* (-1.66)				-0.008 (-0.53)		-0.01 (-0.58)
$CFO \times Fedu$				0.021** (2.03)		0.019* (1.66)				0.006 (0.83)		0.002 (0.21)
$CFO \times DR \times Fedu$				-0.026*** (-2.58)		-0.025** (-2.31)				-0.056** (-2.44)		-0.051* (-1.89)
$Ften$					-0.002 (-0.85)	-0.002 (-0.96)					0.003 (1.16)	0.002 (0.94)

续表

变量	国有上市公司						非国有上市公司					
	(1)	(2)	(3)	(4)	(5)	(6)	(1)	(2)	(3)	(4)	(5)	(6)
$DR \times Ften$					-0.006 (-1.00)	-0.006 (-0.96)					-0.002 (-0.20)	-0.001 (-0.12)
$CFO \times Ften$					0.001 (0.06)	0.001 (0.28)					-0.001 (-0.09)	-0.001 (-0.22)
$CFO \times D \times Ften$					-0.002* (-1.92)	-0.003* (-1.75)					0.005** (2.22)	0.004** (1.99)
$Msize$	-0.001 (-1.25)	-0.001 (-1.09)	-0.001 (-1.11)	-0.001 (-1.18)	-0.001 (-1.23)	-0.001 (-1.01)	-0.001 (-1.00)	-0.001 (-1.01)	-0.001 (-0.56)	-0.001 (-0.97)	-0.001 (-0.83)	-0.001 (-0.50)
$Size$	0.006*** (6.31)	0.006*** (6.20)	0.006*** (6.65)	0.006*** (6.28)	0.006*** (6.33)	0.006*** (6.73)	0.008*** (5.73)	0.007*** (5.30)	0.008*** (5.41)	0.008*** (5.52)	0.008*** (5.43)	0.008*** (5.75)
$Debt$	0.021*** (3.12)	0.022*** (3.24)	0.020*** (3.11)	0.021*** (3.07)	0.021*** (3.21)	0.022*** (3.19)	0.022*** (2.76)	0.021*** (2.65)	0.019*** (2.51)	0.020** (2.55)	0.021*** (2.64)	0.020** (2.49)
ROA	0.614*** (10.09)	0.605*** (11.64)	0.605*** (11.53)	0.607*** (11.53)	0.605*** (11.51)	0.611*** (10.25)	0.544*** (8.87)	0.525*** (9.27)	0.517*** (9.55)	0.521*** (9.26)	0.524*** (9.34)	0.542*** (9.00)
$Gshare$	-0.047 (-1.57)	-0.046 (-1.42)	-0.047* (-1.76)	-0.052* (-1.82)	-0.053* (-1.93)	-0.041 (-1.33)	-0.016*** (-3.36)	-0.016*** (-3.34)	-0.013*** (-3.02)	-0.015*** (-3.27)	-0.016*** (-3.48)	-0.013*** (-2.82)
$Year$	YES	YES	YES	YES	YES	YES	YES	YES	YES	YES	YES	YES
$Indu$	YES	YES	YES	YES	YES	YES	YES	YES	YES	YES	YES	YES
Adj R^2	0.543	0.544	0.545	0.543	0.543	0.549	0.623	0.619	0.63	0.619	0.618	0.642
F值	30.40	30.70	30.44	30.41	30.59	21.98	37.57	37.58	37.99	37.51	37.14	24.93
样本数（个）	1308	1308	1308	1308	1308	1308	612	612	612	612	612	612

注：括号内为 t 值，* 表示 10% 的显著性水平，** 表示 5% 的显著性水平，*** 表示 1% 的显著性水平。

第四节 研究结论

本章结果表明，管理者个人背景特征对会计稳健性有一定的影响。具体而言，从全样本公司看，董事长和财务总监的背景特征对会计稳健性的影响与管理者团队背景特征的平均水平对会计稳健性的影响基本相似。从国有上市公司和非国有上市公司的比较看，国有上市公司董事长的任期和年龄对会计稳健性的影响不明显，而非国有上市公司董事长的任期和年龄均对会计稳健性的影响为正，以及国有上市公司董事长的教育背景对会计稳健性的影响为负，而非国有上市公司董事长的教育背景对会计稳健性的影响不明显；国有上市公司财务总监的学历对会计稳健性的影响为正，而非国有上市公司财务总监的学历对会计稳健性的影响为负，以及国有上市公司财务总监的年龄和任期对会计稳健性的影响为负，而非国有上市公司财务总监的这两个特征对会计稳健性的影响为正。

第五节 本章小结

1. 本章主要是考察管理者个人背景特征对会计稳健性的影响。管理者个人背景特征主要选取了董事长和财务总监（或总会计师）的背景特征，其中董事长和财务总监的背景特征选取了性别、年龄、学历、教育背景和任期 5 个方面。

2. 为了检验管理者个人背景特征对会计稳健性的影响，本章同样以2007—2010 年深沪两市 A 股上市公司为研究样本，并按照一定的标准进行了筛选，数据主要来源于国泰安数据库、色诺芬数据库和新浪网财经频道等数据库和网站以及手工收集。本章首先采用 Basu（1997）的股票—盈余报酬法检验了董事长和财务总监背景特征对会计稳健性的影响，又采用了 Ball 和 Shivakumar（2005）的应计—现金流法对实证结果进行了稳健性检验。

3. 通过董事长背景特征和财务总监背景特征对全样本公司影响的单独分析发现，董事长背景特征和财务总监背景特征对会计稳健性有一定的影响。通过对国有上市公司和非国有上市公司影响的对比分析后发现，董事长背景特征和财务总监背景特征对不同产权性质公司的会计稳健性的影响存在显著差异。

第九章　结束语

本章首先对全书进行总结，然后基于该研究结论提出了相关政策建议，最后提出本书的相关后续研究。

第一节　研究结论

本书以高阶理论和行为经济学为出发点，以委托—代理理论、契约理论和信号传递理论为理论基础，理论分析和实证检验了管理者背景特征对会计稳健性的影响，所得到的研究结论主要包括：

1. 通过对高阶理论、委托—代理理论、信号传递理论和契约理论的分析可知，管理者的背景特征会在一定程度上影响会计稳健性水平。这为管理者背景特征影响会计稳健性问题的实证分析提供了理论依据。

2. 从相关性和可靠性的角度对六种计量会计稳健性方法进行了比较和选择。通过理论分析和实证分析表明，AT 与 BTM、ACF 与 BTM、BTM 与 NA 两两方法之间均呈正相关，说明这三组中两种计量方法不可以同时加以采用。其他计量方法之间均呈负相关或不相关，说明可以同时加以采用。另外，AT 和 ACF 这两种计量方法的可靠性较高，具有比较优势。这些研究结论有助于正确地选择会计稳健性的计量方法，从而提高实证研究结果的可靠性。

3. 考察了管理者固定效应对会计稳健性的影响。实证结果表明，管理者固定效应（董事长固定效应、财务总监固定效应和其他管理者固定效应）在很大程度上影响着会计稳健性。

4. 考察了管理者团队背景特征的平均水平和异质性对会计稳健性的

影响。实证结果表明，管理者团队背景特征对会计稳健性有一定的影响。从全样本公司看，管理者团队的性别对会计稳健性的影响为负，而平均学历、平均年龄和平均任期对会计稳健性的影响为正；管理者团队的性别异质性对会计稳健性的影响不明显，而年龄异质性、学历异质性和任期异质性对会计稳健性的影响为正。从国有上市公司和非国有上市公司的比较看，国有上市公司管理者团队的平均年龄和平均任期对会计稳健性的影响为负，而非国有上市公司管理者团队的这两个特征对会计稳健性的影响为正；国有上市公司管理者团队的年龄异质性和任期异质性对会计稳健性的影响为负，而非国有上市公司管理者团队的这两个特征对会计稳健性的影响为正。

5. 考察了管理者"垂直对"背景特征对会计稳健性的影响。实证结果表明，管理者"垂直对"背景特征对会计稳健性有一定的影响。从全样本公司看，管理者团队—董事长年龄"垂直对"和任期"垂直对"对会计稳健性的影响显著为负，管理者团队—董事长性别和学历"垂直对"特征对会计稳健性的影响不显著；董事长—财务总监年龄和学历"垂直对"特征对会计稳健性的影响显著为负，董事长—财务总监性别和任期"垂直对"特征对会计稳健性的影响不显著。从国有上市公司和非国有上市公司的比较看，国有上市公司管理者团队—董事长的年龄"垂直对"特征和任期"垂直对"特征对会计稳健性的影响显著为负，而非国有上市公司的这两个特征对会计稳健性的影响不显著；国有上市公司董事长—财务总监的学历"垂直对"特征对会计稳健性的影响显著为正，而非国有上市公司的这一特征对会计稳健性的影响不显著；国有上市公司董事长—财务总监的年龄"垂直对"特征对会计稳健性的影响不显著，而非国有上市公司的这一特征对会计稳健性的影响显著为负。

6. 考察了管理者个人背景特征对会计稳健性的影响。实证结果表明，管理者个人背景特征对会计稳健性有一定的影响。从全样本公司看，董事长和财务总监的背景特征对会计稳健性的影响与管理者团队背景特征的平均水平对会计稳健性的影响基本相似。从国有上市公司和非国有上市公司的比较看，国有上市公司董事长的任期和年龄对会计稳健性的影响不明显，而非国有上市公司董事长的任期和年龄均对会计稳健性的影响为正，以及国有上市公司董事长的教育背景对会计稳健性的影响为负，而非国有上市公司董事长的教育背景对会计稳健性的影响不明显；国有上市公司财务总监的学历对会计稳健性的影响为正，而非国有上市公司财务总监的学历对会计稳健性的影响为负，以及国有上市公司财务总监的年龄和任期对会计稳健性的影响为负，而非国有上市公司财务总监的这两个特征对会计稳健性的影响为正。

这些研究结果将在理论上有助于进一步深化会计稳健性研究以及丰富高阶理论研究的内容；在实践中对于进一步加强企业人力资源管理，完善会计监管制度，提高会计稳健性，发挥会计信息的作用具有一定的指导意义。

第二节　政策建议

根据本书的理论分析和实证研究结论可以发现，管理者不同的背景特征会影响到管理者的有限理性，会在会计政策选择行为中产生行为偏差，从而影响会计稳健性。因此，为最大限度地减少这种偏差行为，提高会计信息质量，本书提出几点政策建议：

1. 要完善管理者团队建设机制。管理者团队的组成要有不同类型的组合，既要突出团队的整体优势，又要有风格上的差异。健全和实施良好的人力资源管理制度与机制，让优秀人才能在合适的岗位上得到全面发展。目前大型企业一般都直接向国内外聘请职业经理人，就是为了建立优秀的管理团队。在对管理者的任命上应该通过一系列的基本测试，其中管理者的人口背景特征是不可忽视的重要测试部分，从而考察应聘者是否存在自负、自信等心理特征，根据综合测试的结果安排合适的职位，从源头上遏制管理者的非理性带来的不良经济后果，从而组成相对高效的管理者团队。

2. 要加强管理者的会计信息控制。要加强组织控制，尤其是加强对管理者的风险控制。随着经济的发展和管理者素质的提高，企业决策的方式由"拍脑袋"向科学决策转化，但是在各种制度障碍的背景下，比如对管理者没有基于价值创造的长期激励计划、非市场的选拔方式等，使得管理者在面临亏损、退市、再融资等诱因的作用下不得不进行机会主义的会计选择，管理者的意志往往在决策中还是起着很重要的作用。因此，要加强对管理者的风险控制，从而加强对会计信息的控制。

3. 要完善管理者考评与激励机制。运用心理学和行为学的理论，根据管理者的背景特征对管理者的心理偏差加以衡量，并纳入管理者的考评体系；针对不同背景特征的管理者，选择重点不同的激励机制。随着我国法制建设进程的加快及改革开放的逐步深入，企业的现代管理制度和治理结构也在逐步完善，从西方引进的先进治理模式和理念也在逐步采用，需进一步建立良好的公司治理机制和科学合理的管理者考评机制，从而减少管理者的机会主义行为。

4. 要完善企业决策机制。主要可考虑建立民主决策机制和动态决策机制。民主决策机制包括建立共同的决策机制、建立相机性决策机制和完善职工代表大会制度等内容；动态决策机制包括事前的调研与讨论、事中的监控与反馈和事后的评价与总结，从而使公司决策过程更加民主科学和透明公正。

5. 要限制国有企业选择管理人员的自主权。国有企业由于其特定的企业性质，决定了国有企业内部的权力斗争高于非国有企业。因为在国有企业中，对管理人员的选拔普遍比较主观，标准太软，容易受权力投资的左右，因此，用法律的形式将用人标准客观化也不失为一种较为公平的方法。比如，可以限定一定的年龄、学历、任期等，尽管这种方法也可能有偏颇，但这在一定程度上可以保证管理人员选拔过程的相对公平。

第三节　研究展望

本书基于行为经济学和高阶理论的相关内容，选取了管理者的性别、年龄、学历、教育背景和任期等方面的特征，考察并比较了这些背景特征对不同产权性质的公司会计稳健性影响的差异。本书的研究结果取得了一定的成果，但还是有许多相关的问题值得进一步的研究和探索。

1. 考虑管理者背景特征影响会计稳健性理论体系的进一步构建问题。本书基于高阶理论、委托—代理理论、信号传递理论和契约理论对管理者背景特征如何影响会计稳健性做了初步的理论分析。但基于理论水平和高度所限，对想要阐述的问题分析得并不是特别清晰和透彻，也并没有建立管理者背景特征影响会计稳健性的理论体系，这将是本书进一步深入分析的问题。

2. 考虑会计稳健性的成本与收益问题。何种程度的会计稳健性是最优的？在实施会计稳健性的成本和其带来的相应收益之间如何做出合理的权衡？这不仅是理论上值得进一步探讨的难点问题，也是计量上具有挑战性的一大难题。

参考文献

［1］ Adams, R. B. , and D. Ferreira. Women in the Boardroom and Their Impact on Governance and Performance ［J］. *Journal of Financial Economics*, 2009.

［2］ Ahmed, A. S. , and S. Duellman. Accounting Conservatism and Board of Director Characteristics: An Empirical Analysis ［J］. *Journal of Accounting and Economics*, 2007.

［3］ Ahmed, A. S. , B. K. Billings, R. M. Morton, and M. S. Harris. The Role of Accounting Conservatism in Mitigating Bondholder – Shareholder Conflicts over Dividend Policy and in Reducing Debt Costs ［J］. *The Accounting Review*, 2002.

［4］ Amason, A. C. , and H. J. Sapienza. The Effects of Executive Team Size and Interaction Norms on Cognitive and Affective Conflict ［J］. *Journal of Management*, 1997.

［5］ Athanassion, N. , and D. Night. The Impact of U. S. Company Internationalization on Top Management Team Advice Network ［J］. *Strategy Management Journal*, 1999.

［6］ Bagnoli, M. , and T. Bergstrom. Log – Concave Probability and Its Applications ［J］. *Economic Theory*, 2005.

［7］ Bai, C. E. , Q. Liu, J. Lu, F. M. Song, and J. X. Zhang. Corporate Governance and Market Value in China ［J］. *Journal of Comparative Economics*, 2004.

［8］ Ball, R. , A. Robin, and G. Sadka. Are Timeliness and Conservatism Due to Debt or Equity Market? An International Test of "Contractiong" and "Value Relevance" Theories of Accounting [J]. *Manuscript, University of Chicago*, 2006.

[9] Ball, R., A. Robin, and G. Sadka. Is Financial Reporting Shaped by Equity Markets or by Debt Markets? An International Study of Timeliness and Conservatism [R]. University of Chicago, Working Paper, 2007.

[10] Ball, R., A. Robin, and J. S. Wu. Accounting Standards, the Institutional Environment and Issue Incentives: Effect on Timely Loss Recognition in China [J]. *Asia Pacific Journal of Accounting & Economics*, 2000.

[11] Ball, R., A. Robin, and J. S. Wu. Incentive Versus Standards: Properties of Accounting Income in Four East Asian Countries [J]. *Journal of Accounting and Economics*, 2003.

[12] Ball, R., and L. Shivakumar. Earnings Quality in U. K. Private Firms: Compatative Loss Recognition Timeliness [J]. *Journal of Accounting and Economics*, 2005.

[13] Ball, R., and L. Shivakumar. The Role of Accurals in Asymmetrically Timely Gain and Loss Recognition [J]. *Journal of Accounting Research*, 2006.

[14] Ball, R., S. P. Kothari, and A. Robin. The Effect of International Institutional Factors on Properties of Accounting Earnings [J]. *Journal of Accounting and Economics*, 2000.

[15] Bamber, L. S., J. Jiang, and I. Wang. What's My Style? The Influence of Top Managers on Voluntary Corporate Financial Disclosure [J]. *The Accounting Review*, 2010.

[16] Bantel, K. A., and S. E. Jackson. Top Management and Innovations in Banking: Does the Composition of the Top Team Make a Difference? [J]. *Strategic Management Journal*, 1989.

[17] Bantel, K. A.. Top Team, Environment, and Performance Effects on Strategic Planning Formality [J]. *Group and Organization Management*, 1993.

[18] Basu, S.. The Conservatism Principle and the Asymmetric Timeliness of

Earnings [J]. *Journal of Accounting and Economics*, 1997.

[19] Basu, S.. Discussion of Conditional and Unconditional Conservatism: Concepts and Modeling [J]. *Review of Accounting Studies*, 2005.

[20] Basu, S.. The Conservatism Principle and the Asymmetric Timeliness of Earnings [J]. *Journal of Accounting and Economics*, 1997.

[21] Beatty, A., and J. Webber. Accounting Discretion in Fire Value Estimates: An Examination of SFAs 142 Goodwill Impairments [J]. *Journal of Accounting and Economics*, 2006.

[22] Beatty, A., J. Webber, and J. J. Yu. Conservatism and Debt [J]. *Journal of Accounting and Economics*, 2008.

[23] Beaver, W. H., and S. G. Ryan. Biases and Lags in Book Value and Their Effects on the Ability of the Bool – to – Market Ration to Predict Book Return on Equity [J]. *Journal of Accounting Research*, 2000.

[24] Beaver, W. H., and S. G. Ryan. Conditional and Unconditional Conservatism: Concepts and Modeling [J]. *Review of Accounting Studies*, 2005.

[25] Beekes, W., P. Pope, and S. Young. The Link between Earnings Timeliness, Earnings Conservatism and Board Composition: Evidence from the U. K [J]. *Corporate Governance:An International Review*, 2004.

[26] Bertrand, M., and A. Schoar. Managing with Style: The Effect of Managers on Firm Policies [J]. *Quarterly Journal of Economics*, 2003.

[27] Bhattacharya, S.. Imperfect Information, Dividend Policy, and "the Bird in the Hand" Fallacy [J]. *The Bell Journal of Economics*, 1979.

[28] Biddle, G. C., and G. Hilary. Accounting Quality and Firm – Level Capital Investment [J]. *The Accounting Review*, 2006.

[29] Bliss, J. H.. *Management through Accountants* [M]. The Ronald Press Co., New York. 1924.

[30] Boden, J., J. Richard, and N. Alfred. On the Survival Prospects of Men's and Women's New Business Ventures [J]. *Journal of Business Venturing*, 2000.

[31] Boeker, W.. Strategic Change: The Influence of Managerial Characteristic and Organizational Growth [J]. *Academy of Management Journal*, 1997.

[32] Boone, C. W. , W. V. Olffen, A. V. Witteloostuijn, and B. D. Brabander. The Genesis of Top Management Team Diversity: Selective Turnover among Top Management Team in Dutch Newspaper Publishing, 1970 – 1994 [J]. *Academy of Management Journal*, 2004.

[33] Bradley, M. , G. A. Jarrell, and E. H. Kim. On the Existence of an Optimal Capital Structure [J]. *Journal of Finance*, 1984.

[34] Brew, F. P. , and R. C. David. Styles of Managing Interpersonal Workplace Conflict in Relation to Status and Face Concern: A Study with Angos and Chinese [J]. *The International Journal of Confilct Management*, 2004.

[35] Bushman, R. M. , and J. D. Piotroski. Financial Reporting Incentives for Conservative Accounting: the Influence of Legal and Political Institutions [J]. *Journal of Accounting and Economics*, 2006.

[36] Bushman, R. , A. Smith, and J. Piotroski. Capital Allocation and Timely Accounting Recognition of Economic Losses: International Evidence [R]. University of Chicago and University of North Carolina, Working Paper, 2005.

[37] Bushman, R. , Q. Chen, E. Engel, and A. Smith. Financial Accounting Information Organizational Complexity and Corporate Governance Systems [J]. *Journal of Accounting and Economics*, 2004, 37 (2): 167 – 201.

[38] Callen, J. L. , F. Chen, Y. Dou, and B. Xin. Asymmetry of Information, Wealth Appropriation and the Debt Contracting Demand for Accounting Conservatism. Working Paper, University of Toronto, 2010.

[39] Camelo – Ordaz, C. A. , and R. Hernandez. The Relationship between Top Management Teams and Innovative Capacity in Companies [J]. *Journal of Management Development*, 2005, 24 (8): 683 – 705.

[40] Carlsson, D. , and K. Karlsson Age, Cohorts and the Generation of

Generations [J]. *American Sociological Review*, 1970.

[41] Carpenter, M. A., and J. M. Fredrickson. Top Management Teams, Global Strategic Posture, and the Moderating Role of Uncertainty [J]. *Academy of Management Journal*, 2001.

[42] Carpenter, M. A., M. A. Geletkanycz, and W. G. Sanders. Upper Echlons Research Revisited: Antecedents, Elements and Consequnces of Top Management Team Composition [J]. *Journal of Management*, 2004.

[43] Carpenter, M. A.. The Implication of Strategy and Social Context for the Relationship between Top Management Team Heterogeneity and Firm Performance [J]. *Strategic Management Journal*, 2002.

[44] Chan, A. L., S. Lin, and N. Strong. Accounting Conservatism and the Cost of Equity Capital: UK Evidence [J]. *Managerial Finance*, 2009.

[45] Chen, H. W., J. Chen, G. Lobo, and Y. Wang. Association between Borrower and Lender State Ownership and Accounting Conservatism [J]. *Journal of Accounting Research*, 2010.

[46] Chen, Q., T. Hemmer, and Y. Zhang. On the Relation between Conservatism in Accounting Standards and Incentives for Earnings Management [J]. *Journal of Accounting Research*, 2007.

[47] Chen, S. M., and D. H. Wu. Accounting Conservatism in Chinese Listed Firms: The Influences of Standard, Incentive and Monitoring. *Working Paper*, 2007.

[48] Chen, Y. J., and M. Deng. The Signaling Role of Accounting Conservatism in Debt Contacting [R]. Working Paper, *University of California*. 2010.

[49] Chung, H., and J. Wynn. Managerial Legal Liability Coverage and Earnings Conservatism [J]. *Journal of Accounting and Economics*, 2008.

[50] Cook, T. D. and D. T. Campell. *Quasi – Experimentation: Design & Analysis Issues For Field Settings* [M]. Boston: Houghton Mifflin Company, 1979.

[51] Crocker, J., and B. Major. Social Stigma and Self – esteem: the Self – protective Properties of Stigma [J]. *Psychological Review*, 1989.

[52] Daboub, A. J. , and A. M. Radheed. Top Management Team Charac-teristics and Corporate Illegal Acativity [J] . *Academy of Manegement Review*, 1995.

[53] Dechow, P.. Accounting Earnings and Cash Flows as Measures of Firm Performance: The Role of Accounting Accruals [J] . *Journal of Ac-counting and Economics*, 1994.

[54] Donakdson, I. , and J. H. Davis. Stewarship Theory or Agency Theo-ry: CEO Governance and Shareholder Returns [J] . *Australian Journal of Management*, 1991.

[55] Dyreng, S. D. , M. Hanlon, and E. L. Maydew. The Effects of Exec-utives of Corporate Tax Avoidance [J] . *The Accounting Review*, 2010.

[56] Easton, P. , and J. Pae. Accounting Conservatism and the Relation be-tween Returns and Accounting Data [J] . *Review of Accounting Studies*, 2004.

[57] Eisenhart, K. M. , and C. B. Schoonhoven. Organizational Growth: Linking Founding Team, Strategy, Environment, and Growth Among U. S. Semiconductor Ventures 1978 – 1988 [J] . *Administrative Science Quarterly*, 1990.

[58] Elron, E.. Top Management Teams within Multinational Corporation: Effects of Cultural Heterogeneity [J] . *Leadership Quarterly*, 1997.

[59] Fan, P. H. and T. J. Wong. Corporate Ownership Structure and the In-formativeness of Accounting Earnings in East Asia [J] . *Journal of Ac-counting and Economics*, 2002.

[60] Feltham, G. , and J. Ohlson. Uncertainy Resolution and the Theory of Depreciation Measurement [J] . *Journal of Accounting Research*, 1996.

[61] Feltham, G. , and J. Ohlson. Valuation and Clean Surplus Accounting for Operating and Financial Activities [J] . *Contemporary Accounting Research*, 1995.

[62] Financial Accounting Standards Board, 1980.

[63] Finkelstein, S. and D. C. Hambrick. *Strategic Leadership: Top Execu-*

tives and Their Effects on Organizations [M] . New York, 1996.

[64] Forbes, D. P.. Are Some Entrepreneurs more Overconfident than Others? [J] . *Journal of Business Venturing*, 2005.

[65] Francis, J. , and X. Martin. Acquisiton Profitability and Timely Loss Recognition [J] . *Journal of Accounting and Economics*, 2010.

[66] Francis, J. , R. Lafond, P. Olsson, and K. Scripper. Cost of Equity and Earnings Attributes [J] . *The Accounting Reviews*, 2004.

[67] Frank, G. , and K. Chandra. Accounting Conservatism and the Efficiency of Debt Contracts [J] . *Journal of Accounting Research*, 2009.

[68] Fraser, S. , and F. Greene. The Effect of Experience on Entrepreneurial Optimism and Uncertainty [J] . *Economica*, 2006.

[69] Gannon, M. , K. Smith, and C. Grimm. An Organizational Information – Processing Prpfile of First – Movers [J] . *Journal of Business Research*, 1992.

[70] Gassen, J. , and R. U. Fulbier. International Differences in Conditional Conservatism: The Role of Unconditional Conservatism and Income Smoothing [J] . *European Accounting Review*, 2006.

[71] Ge, W. , D. Matsumoto, and J. L. Zhang. Do CFOs Have Styles of Their OWN? [R] An Empirical Investigation of the Effect of Individual CFOs on Financial Reporting Practices, *Working Paper*, 2008.

[72] Gigler, F. , C. Kanodia, H. Sapra, and R. Venugopalan. Accounting Conservatism and the Efficiency of Debt Contracts [J] . *Journal of Accounting Research*, 2009.

[73] Giner, B. , and W. Rees. On the Asymmetric Recognition of Good and Bad News in France, Germany and the United Kingdom [J] . *Journal of Business Finance and Accounting*, 2001.

[74] Givoly, D. , and C. Hayn. The Changing Time – series Properties of Earnings, Cash Flows and Accruals: Has Financial Reporting Become More Conservative? [J] . *Journal of Accounting and Economics*, 2000.

[75] Givoly, D. , C. Hayn and A. Natarajan. Measuring Reporting Conser-

vatism [J] . *Accounting Review*, 2007.

[76] Givoly, D. , C. Hayn and S. P. Katz. Does Public Ownership of Equity Improve Earnings Quality? [J] . *The Accoungting Review*, 2010.

[77] Grossman, S. , and O. Hart. An Analysis of the Principal—Agent Problem [J] . *Econometrica*, 1983.

[78] Guay, W. , and R. Verrecchia. Discussion of an Economic Framework for Conservative Accounting by Bushman and Piotroski [J] . *Journal of Accounting and Economics*, 2006.

[79] Hambrick, D. C. , and P. A. Mason. Upper Echelons: Organization as a Reflection of Its Managers [J] . *Academy Management Review*, 1984.

[80] Hambrick, D. C.. T. S. Cho, and M. J. Chen. The Influence of Top Management Team Heterogeneity on Firm's Competitive Moves [J] . *Administrative Science Quarterly*, 1996.

[81] Hambrick, D. C.. Top Management Group: A Conceptual Integration and Consideration of the Team Lable [J] . *Research in Organizational Behavior*, 1994.

[82] Hart, P. , and J. Mellons, Management Youth and Company Growth: a Correlation? [J] . *Management Decisions*, 1970.

[83] Heijltjes, M. , R. Olie, and U. Glunk. Internationalization of Top Management Teams in Europe [J] . *Europe Management Journal*, 2003.

[84] Hofstede, G. , 2001. Culture's Consequences: Comparing Values, Behaviors, Institutions, and Organizations across Nations (2nd ed.) . Thousand Oaks, California: Sage Publications, Inc.

[85] Holmstrom, B.. Moral Hazard and Observability [J] . *Bell Journal of Economics*, 1979.

[86] Holthausen, R. W. , and R. L. Watts. The Relewance of the Value – Relevance Literature for Financial Accounting Standards Setting [J] . *Jouranl of Accounting and Economics*, 2001.

[87] Holthausen, R.. Testing the Relative Power of Accounting Standards

versus Incentives and Other Institutional Features to Influence the Out-
come of Financial Reporting in an International Setting [J] . *Journal of
Accounting and Economics*, 2003.

[88] Huijgen, C. , and M. Lubberink. Earning Conservatism, Litigation and
Contracting: the Case of Cross – listed Firms [J] . *Journal of Business
Finance and Accounting*, 2005.

[89] International Accounting Standards Committee – Source, 1989.

[90] International Accounting Standards Committee – Source, 2001.

[91] Jehn, K. A. , C. Chadwick, and M. B. Thatcher. To Agree or not A-
gree: the Effects of Value Congruence, Member Diversity, and Conflict
on Workgroup Outcomes [J] . *International Journal of Conflict Manage-
ment*, 1997.

[92] Jensen, M. C. , and W. Meckling. Theory of the Firm: Managerial
Behavior, Agency Costs, and Capital Structure [J] . *Journal of Fi-
nancial Economics*, 1976.

[93] Jiang, X. . Accounting Conservatism and Debt Constract Efficiency With
Soft Information [R] . University of Minnesota, Working Paper, 2010.

[94] Khan, M. , and R. L. Watts. Estimation and Empirical Properties of a
Firm – Year Measure of Accounting Conservatism [J] . *Journal of Ac-
counting and Economics*, 2009.

[95] Klein, A. , and C. A. Marquardt. Fundamentals of Accounting Losses
[J] . *The Accounting Review*, 2006.

[96] Knight D. , C. L. Pearce, and K. G. Smith. Top Management Team
Diversity, Group Process, and Strategic Concensus [J] . *Strategic Man-
agement Journal*, 1999.

[97] Lafond, R. and R. L. Watts. The Information Role of Conservatism
[J] . *The Accounting Review*, 2008.

[98] Lafond, R. , and S. Roychowdhury. Managerial Ownership and Ac-
counting Conservatism [J] . *Journal of Accountign Rearch*, 2008.

[99] Lara, J. M. G. , and A. Mora. Balance Sheet versus Earnings Conser-

vertism in Europe [J] . *European Accounting Review*, 2004.

[100] Lara, J. M. G. , B. G. Osma and F. Penalva, Accounting Conservatism and Corporate Governance [J] . *Reviews Accounting Studies*, 2009.

[101] Lara, J. M. G. , B. G. Osma and F. Penalva. Accounting Conservatism and Firm Investment Efficiency [R] . University of Navarra, Working Paper, 2010.

[102] Lara, J. M. G. , B. G. Osma, and A. Mora. The Effect of Earnings Management on the Asymmetric Timeliness of Earnings [J] . *Journal of Business Finance and Accounting*, 2005.

[103] Lara, J. M. G. , B. G. Osma, and A. Mora. The Effect of Earnings Management on the Asymmetric Timeliness of Earnings [J] . *Journal of Business Finance and Accounting*, 2005.

[104] Leifer, R. , and P. K. Mills. An Information Processing Approach for Deciding upon Control Strategies and Reducing Control Loss in Emerging Organizations [J] . *Journal of Management*, 1996.

[105] Leland, H. E. , and D. H. Pyle. Informational Asymmetries, Financial Stucture, and Fianncial Intermediation [J] . *The Journal of Finance*, 1977.

[106] Li, J.. Accounting Conservatism and Debt Contracts: Efficient Liquidation and Covenant Renegotiation. Contemporary Accounting Research, 2013, Forthcoming.

[107] Li, X.. Accounting Conservatism and the Cost of Capital: an International Analysis. Working Paper, Fox School of Business Temple University, 2010.

[108] Liberty, S. E. , and J. L. Zimmerman. Labor Union Contract Negotiations and Accounting Choices [J] . *The Accounting Review*, 1986.

[109] Lin, H. J.. Accounting Discretion and Managerial Conservatism: An International Analysis [J] . *Contemporary Accounting Research*, 2006.

[110] Lobo, G. L. , and J. Zhou. Did Conservatism in Financial Reporting Increase after the Sarbanes – Oxley Act [J] . *The Accounting Reviews*, 2006.

[111] Louis, H. , A. Sun, and O. Urcan. Value of Cash Holdings and Accounting Conservatism [R]. Penn State University, Working Paper, 2010.

[112] Mayer, K. J.. Capabilities, Contractual Hazards, and Governance: Integrating Resource - Based and Transaction Cost Perspectives [J]. *Academy of Management Journal*, 2006.

[113] Messick, M. S.. Validity. *In Educational Measure* [M]. American Council on Education: Collier Macmillan Publishers, 1989.

[114] Meyers L. J.. Gender Differences in Information Processing: A Selectivity Interpretation in Cognitive and Affective Responses to Advertising, eds. by Cafferata P. and A. M. Tybout, 1989.

[115] Michie, S. G. , R. S. Dooley, and G. E. Fryxell. Top Management Team Heterogeneous, Consensus, and Collaboration: A Moderated Mediation Models of Decision Quality [J]. *Academy of Management Proceeding*, 2002.

[116] Moerman, R. W.. The Role of Information Asymmetry and Financial Reporting Quality in Debt Contracting Evidence from the Secondary Loan Market [J]. *Journal of Accounting and Economics*, 2008.

[117] Mooney, A. C. , and J. Sonnenfeld. Exploring Antecedents to Top Management Team Conflicts: the Importance of Behavioral Integration [J]. *Academy of Management Proceedings*, 2001.

[118] Myers, S. C. , and Majluf. Corporate Fianncing and Investment Decisions when Firms Have Information that Investors Do Not Have [J]. *Journal of Financial Economics*, 1984.

[119] Nikolaev, V. V.. Debt Covenants and Accounting Conservatism [J]. *Journal of Accounting Research*, 2010.

[120] Ohlson, J. A.. Earnings, Book - Values and Dividends in Equity Valuation [J]. *Contemporary Accounting Research*, 1995.

[121] Peek, E. , R. Guijpers, and W. F. Buijink. Creditors and Shareholders Demands for Accounting Conservatism in Public versus Private

Firms: Evidence from Europe [J]. *Contemporary Accounting Reaearch*, 2010.

[122] Peng, W. Q., and K. C. J. Wei. Women Executives and Corporate Investment: Evidence from the S&P 1500. Financial Management Annual Conference, Working Paper, 2007.

[123] Penman, S. H., and X. J. Zhang. Accounting Conservatism, the Quality of Earnings, and Stock Returns [J]. *The Accounting Reviews*, 2002.

[124] Pitcher, P., and A. D. Smith. Top Management Team Heterogeneity, Personality, Power, and Proxies [J]. *Organization Science*, 2001.

[125] Pope, P. F., and M. Walker. International Differences in the Timeless, Conservatism and Classification of Earnings [J]. *Journal of Accounting Research*, 1999.

[126] Pope, P. F., and P. Wang. Earnings Components, Accounting Bias and Equity Valuation [J]. *Review of Accounting Studies*, 2005.

[127] Rajan, M. V., S. Reichelstein, and M. T. Soliman. Conservatism, Growth and Return on Investment [J]. *Review of Accounting Studies*, 2007.

[128] Richard, O. C., and R. M. Shelor, Linking Top Management Team Age Heterogeneity to Firm Performance: Juxtaposing Two Mid – range Theories [J]. *The International Journal of Human Resource Management*, 2002.

[129] Riley, J. G.. Competitive Signalling [J]. *Journal of Economic Theory*, 1975.

[130] Ross. S. B., and R. Westerfield. *Corporate Finance* [M]. Tata McGraw – Hill. 2004.

[131] Ross. S. B.. On the Mode of Action of Central Stimulatory Agents [J]. *Nordic Pharmacological Society*, 1977.

[132] Ross. S. B.. The Economic Theory of Agency: The Principal's Problem [J]. *American Economic Review*, 1973.

[133] Roychowdhury, S., and R. L. Watts. Asymmetric Timeliness of Earnings, Market – to – Book and Conservatism in Financial Reporting [J]. *Journal of Accounting and Economics*, 2007.

[134] Ruddock, C., S. Taylor, and S. L. Taylor. Nonandit Services and Earnings Conservatism: Is Andior Independence Impaired? [J]. *Contemporary Accouning Research*, 2006.

[135] Sambharya, R. B.. Foreign Experience of Top Management Teams and International Diversification Strategies of U. S. Multinational Corporations [J]. *Strategic Management Journal*, 1996.

[136] Schipper, K.. Commentary on Earnings Management [J]. *Accounting Horizons*, 1989.

[137] Shepard, L. A.. Evaluating Test Validity [J]. *Review of Research in Education*, 1993.

[138] Shleifer, A., and R. W. Vishny. A Survey of Corporate Governance [J]. *The Journal of Finance*, 1997.

[139] Smith, K. G., K. A. Smith, and J. D. Olian. Top Management Team Demography and Process: The Role of Social Integration and Communication [J]. *Academy of Management Journal*, 1994.

[140] Smith, W. C., and R. L. Watts. The Investment Opportunity Set and Corporate Financing, Dividend and Compensation Policies [J]. *Journal of Financial Economics*, 1992.

[141] Spence, M.. Job Market Signaling [J]. *The Quarterly Journal of Economics*, 1973.

[142] Stevens, J. M., and J. M. Beyer. Assessing Personal, Role, and Organizational Predictors of Managerial Commitment [J]. *Academy of Management Journal*, 1978.

[143] Sutcliffe, K. M.. What Executives Notices: Accurate Perceptions in Top Management Teams [J]. *Academy of Management Journal*, 1994.

[144] Talmor, E.. *Asymmetric Information, Signaling, and Optimal Corporate Financial Decisions* [M]. Groduote School of Business. University

of Wisconsin – Madison, 1981.

[145] Taylor, R. N.. Age and Experience as Determinants of Managerial Information Processing and Decision Making Performance [J] . *Academy of Management Journal*, 1975.

[146] Tihany, L. , A. E. Ellstrand, and C. M. Dairy. Composition of the Top Managemnt Team and Firm International Diversification [J] . *Journal of Management*, 2000.

[147] Titman, S. , and R. Wessels. The Determinants of Capital Structure [J] . Journal of Finance, 1988.

[148] Trevino, L.. Ethical Decision Making in Organization: A Person – Situation Interactionist Model [J] . *The Academy of Management Review*, 1986.

[149] Tsui A. S. , and C. A. O' Reilly. Beyond Simple Demographic Effects: The Importance of Relational Demography in Superior – subordinate Dyads [J] . *Academy of Management Journal*, 1989.

[150] Tsui A. S. , Porter L. W. , and T. D. Egan. When both Similarities and Dissimilarities Matter: Extending the Concept of Relational Demography [J] . *Human Relations*, 2002.

[151] Tsui A. S.. and B. A. Gutek. *Demographic Differences in Organizations: Current Research and Future Directions* [M] . Published by Lexington Books, 1999.

[152] Tsui, A. S. , and C. A. Reilly. Beyond Simple Demographic Effecets: the Importance of Relational Demography in Superior – Subordinate Dyads [J] . *Academy of Management Journal*, 1989.

[153] Valeri, V. N.. Debt Covenants and Accounting Conservatism [J] . *Journal of Accounting Research*, 2010.

[154] Vroom, V. , and B. Pahl. Relationship between Age and Risk – taking Among Managers [J] . *Journal of Applied Psychology*, 1971.

[155] Walker, B. , S. R. Carpenter, and A. Kinzig. Resilience, Adaptability and Transformability in Social Ecological Systems [J] . *Ecology and Society*, 2004.

[156] Wang, R. Z. , C. Q. Hqgartaigh, and T. V. Zijl [R] . A Signaling Theory of Accounting Conservatism, Working Paper, 2009.

[157] Wang, R. Z. , C. Q. Hqgartaigh, and T. V. Zijl [R] . Measure of Accounting Conservatism: A Construct Validity Persperctive [J] . *Journal of Accounting Literature*, 2009.

[158] Watts, R. L. , and J. L. Zimmerman. Labor Union Contract Negotiations and Accounting Choices [J] . *The Accounting Review*, 1986.

[159] Watts, R. L. , and J. L. Zimmerman. Towards a Positive Theory of the Determination of Accounting Standards [J] . *The Accounting Review*, 1978.

[160] Watts, R. L.. Conservatism in Accounting Part I : Explanations and Implications. Accounting Horizons, 2003.

[161] Watts, R. L.. Conservatism in Accounting Part II : Evidence and Research Opportunities [J] . *Accounting Horizons*, 2003.

[162] Watts, R. L.. A Proposal for Research on Conservatism [R] . University of Rochester, Working Paper, 1993.

[163] West, C. T. , and C. R. Schwenk. Top Management Team Strategic Consensus, Demographic Homogeneity and Firm Performance: A Report of Resounding Nonfindings [J] . *Strategic Management Journal*, 1996.

[164] Wiersema, M. F. , and K. A. Bantel. Top Management Team Demography and Corporate Change [J] . *Academy of Management Journal*, 1992.

[165] William, H.. Biases and Lags in Book Value and Their Effects on the Ability of the Book – to – Market Ratio to Predict Book Return on Equity [J] . *Journal of Acconting Research*, 2000.

[166] Wong S. O.. Shareholding Structure, Depoliticization and Firm Performance: Lessons from China's Listed Firms [J] . *Economics of Transition*, 2004.

[167] Xi Li. Accounting Conservatism and Cost of Capital: International Analysis [R] . London Business School, Working Paper, 2009.

[168] Xu Jingjing, Lu Changjiang. Accounting Conservatism: A Study of

Market – Level and Firm – Level Explanatory Factors [J]. *China Journal of Accounting Research*, 2008.

[169] Zenger, T., and B. Lawrence. Organizational Demography: The Differential Effect of Age and Tenure on Communication [J]. *Academy of Management Journal*, 1989.

[170] Zhang X. J.. Conservative Accounting and Equity Valuation [J]. *Journal of Accounting and Economics*, 2000.

[171] Zhang, G. C.. Accounting Information, Capital Investment Decisions and Equity Valuation Theory and Empirical Implications [J]. *Journal of Accounting Research*, 2000.

[172] Zhang, J. Y.. The Contracting Benefits of Accounting Conservatism to Lenders and Borrows [J]. *Journal of Accounting and Economics*, 2008.

[173] 白云涛、郭菊娥：《高层管理团队风险偏好异质性对战略投资决策影响效应的实验研究》，《南开管理评论》2007 年第 2 期。

[174] 伯利、米恩斯：《现代公司和私有财产》，甘华鸣、罗锐韧、蔡如海译，商务印书馆 2005 年版。

[175] 曹宇、李琳、孙铮：《公司控制权对会计盈余稳健性影响的实证研究》，《经济管理》2005 年第 14 期。

[176] 曾力：《制度约束、内在激励与盈余稳健性》，西南财经大学博士论文，2009 年。

[177] 曾小玲：《上市公司管理层特征与会计选择行为优化研究》，西南财经大学博士论文，2007 年。

[178] 陈策、吕长江：《上市板块差异对会计稳健性的影响——来自 A 股主板和中小板民营企业的实证检验》，《会计研究》2011 年第 9 期。

[179] 陈传明、孙俊华：《企业家人口背景特征与多元化战略选择——基于中国上市公司面板数据的实证研究》，《管理世界》2008 年第 5 期。

[180] 陈少华、王利娜：《准则、动机与会计稳健性》，《第六届会计与财务问题国际研讨会论文集》，2006 年。

[181] 陈圣飞、张忠寿、王烨：《会计稳健性研究的理论回顾与展望》，《会计研究》2011 年第 4 期。

[182] 陈胜蓝、魏明海：《董事会独立性、盈余稳健性与投资者保护》，《中山大学学报》（社会科学版）2007 年第 2 期。

[183] 陈守明、郑洪亮：《高阶理论的认知逻辑及其管理实践含意》，《经济论坛》2009 年第 8 期。

[184] 陈旭东、黄登仕：《公司治理与会计稳健性》，《证券市场导报》2007 年第 3 期。

[185] 陈旭东、黄登仕：《会计盈余水平与会计稳健性——基于分量回归的探索分析》，《管理科学》2006 年第 8 期。

[186] 陈旭东、黄登仕：《上市公司会计稳健性的时序演进与行业特征研究》，《证券市场导报》2006 年第 4 期。

[187] 陈钰泓：《纳税筹划与盈余管理》，西南财经大学博士论文，2009 年。

[188] 代冰彬、陆正飞、张然：《资产减值：稳健性还是盈余管理》，《会计研究》2001 年第 12 期。

[189] 邓娥：《治理环境、控股股东代理冲突和会计稳健性研究》，暨南大学出版社 2010 年版。

[190] 邓永勤：《证券市场盈余管理会计监管实证研究》，中南大学博士论文，2008 年。

[191] 董志勇：《行为经济学》，北京大学出版社 2008 年版。

[192] 杜兴强、杜颖洁：《会计准则、公允价值与会计稳健性》，《天津商业大学学报》2010 年第 2 期。

[193] 杜兴强、雷宇、郭剑花：《政治联系、政治联系方式与民营上市公司的会计稳健性》，中国工业经济出版社 2009 年版。

[194] 樊行健、虞国华：《会计稳健性研究：回顾、思考与展望》，《会计之友》2010 年第 3 期。

[195] 高静美：《跨国公司 TMT 内部网分层研究》，《中国工业经济》2003 年第 12 期。

[196] 郝东洋：《非对称信息条件下的稳健会计选择：契约效率、决策风

险与估值改进》，上海交通大学博士论文，2006年。

[197] 胡念梅、翁健英：《会计制度改革与盈余稳健性》，《江西财经大学学报》2010年第2期。

[198] 胡念梅：《我国上市公司会计稳健的初步证据》，厦门大学博士论文，2009年。

[199] 纪春礼、李振东：《管理层特征对企业国际化绩效的影响：中国国有控股制造业上市公司数据的实证检验》，《经济经纬》2010年第3期。

[200] 江伟：《会计稳健性与管理层薪酬对会计业绩的敏感度》，《暨南学报》（哲学社会科学版）2007年第5期。

[201] 姜付秀、伊志宏、苏飞、黄磊：《管理者背景特征与企业过度投资行为》，《管理世界》2009年第1期。

[202] 姜国华、张然：《稳健性与公允价值：基于股票价格反应的规范性分析》，《会计研究》2007年第6期。

[203] 金晶、王颖：《委托代理理论综述》，《探索》2008年第6期。

[204] 黎文靖：《基于契约过程的会计稳健性研究——信息权力视角的另一种解释》，经济科学出版社2008年版。

[205] 李刚、张伟、王艳艳：《会计盈余质量与权益资本成本关系的实证分析》，《审计与经济研究》2008年第5期。

[206] 李凯：《政府控制、市场环境与会计稳健性》，《经济经纬》2010年第5期。

[207] 李琳：《基于我国资本市场的会计稳健性与债务资本成本关系研究》，《武汉科技大学学报》（社会科学版）2010年第4期。

[208] 李清：《我国上市公司盈余管理的理论与实证研究》，武汉理工大学博士论文，2008年。

[209] 李先瑞：《股东的异质性对传统公司治理理论的挑战》，《北京联合大学学报》（人文社会科学版）2008年第3期。

[210] 李远鹏：《会计稳健性研究——基于中国上市公司的实证发现》，复旦大学博士论文，2006年。

[211] 李增泉、卢文彬：《会计盈余的稳健性：发现与启示》，《会计研

究》2003 年第 8 期。

[212] 刘斌、吴娅玲：《会计稳健性对盈余价值相关性的影响研究——基于公允价值计量的视角》，《财经理论与实践》2010 年第 167 期。

[213] 刘斌、熊运莲：《会计政策变更、信号传递与代理成本》，《财贸研究》2008 年第 6 期。

[214] 刘娥、袁琳：《会计稳健性经济后果研究——基于公司再贷款业务视角》，《财会月刊》2010 年第 6 期。

[215] 刘风委、汪扬：《公司治理机制对会计稳健性影响之实证研究》，《上海立信会计学院学报》2006 年第 3 期。

[216] 刘峰、吴凤、钟瑞庆：《会计准则能提高会计信息质量吗？——来自中国股市的初步证据》，《会计研究》2004 年第 5 期。

[217] 刘峰、周福源：《国际四大意味着高审计质量吗——基于会计稳健性角度的检验》，《会计研究》2007 年第 3 期。

[218] 刘舒文、汪寿阳：《上市公司盈余稳健和资产负债表稳健的相关性》，《系统工程》2006 年第 10 期。

[219] 刘舒文、伍中信：《关于会计稳健问题的理论探讨》，《财会通讯》（学术版）2007 年第 2 期。

[220] 刘树林、唐均：《差异性、相似性和受教育背景对高层管理团队影响的国外研究综述》，《管理工程学报》2004 年第 2 期。

[221] 刘永丽：《会计稳健性研究综述》，《财会月刊》2010 年第 6 期。

[222] 刘有贵、蒋年云：《委托代理理论述评》，《学术界》2006 年第 1 期。

[223] 刘运国、刘雯：《我国上市公司的高管任期与 R&D 支出》，《管理世界》2007 年第 1 期。

[224] 刘运国、吴小蒙、蒋涛：《产权性质、债务融资与会计稳健性》，《会计研究》2010 年第 1 期。

[225] 毛新述、戴德明：《会计制度变迁与盈余稳健性：一项理论分析》，《会计研究》2008 年第 9 期。

[226] 毛新述：《中国上市公司盈余稳健性研究》，经济科学出版社 2009 年版。

［227］ 欧阳慧、曾德明、张运生：《国际化竞争环境中 TMT 异质性对公司绩效的影响》，《数量经济技术经济研究》2003 年第 12 期。

［228］ 彭一浩：《信用贷款、制度环境与会计信息质量》，复旦大学博士论文，2010 年。

［229］ 钱德勒：《看得见的手——美国企业的管理革命》，重武译，商务印书馆 1987 年版。

［230］ 邱月华：《会计制度变迁、盈余管理与盈余稳健性——来自中国证券市场的经验证据》，厦门大学博士论文，2008 年。

［231］ 曲晓辉、邱月华：《强制性制度变迁与盈余稳健性——来自深沪证券市场的经验证据》，《会计研究》2007 年第 7 期。

［232］ 饶育蕾、盛虎：《行为金融学》，机械工业出版社 2011 年版。

［233］ 任颋、王峥：《女性参与高管团队对企业绩效的影响：基于中国民营企业的实证研究》，《南开管理评论》2010 年第 5 期。

［234］ 上海证券交易所研究中心：《中国公司治理报告》（2003），复旦大学出版社 2003 年版。

［235］ 斯蒂芬·P. 罗宾斯：《管理学》，中国人民大学出版社 1996 年版。

［236］ 孙德升：《高管团队与企业社会责任：高阶理论的视角》，《人力资源管理》2008 年第 11 期。

［237］ 孙刚：《控股权性质、会计稳健性与不对称投资效率——基于我国上市公司的再检验》，《山西财经大学学报》2010 年第 5 期。

［238］ 孙海法、姚振华、严茂胜：《高管团队人口统计特征对纺织和信息技术公司经营绩效的影响》，《南开管理评论》2006 年第 6 期。

［239］ 孙铮、刘凤委、汪辉：《债务、公司治理与会计稳健性》，《中国会计与财务研究》2005 年第 6 期。

［240］ 谭劲松、宋顺林、吴立扬：《公司透明度的决定因素——基于代理理论和信号理论的经验研究》，《会计研究》2010 年第 4 期。

［241］ 陶晓慧、柳建华：《会计稳健性、债务期限结构与债权人保护》，《山西财经大学学报》2010 年第 4 期。

［242］ 陶晓慧、柳建华：《资产替代、会计稳健性与债权人保护》，《财经理论与实践》2010 年第 4 期。

[243] 王建峰：《政府干预、制度环境与会计稳健性》，厦门大学博士论文，2008 年。

[244] 王亮飞、潘宁：《会计盈余的及时性、股权集中度与公司特征》，《财贸研究》2006 年第 5 期。

[245] 王钦池：《信号传递与信号均衡——关于信号理论的一个文献综述》，《山西财经大学学报》2009 年第 2 期。

[246] 王欣、公梅：《上市公司会计政策选择文献综述》，《现代商贸工业》2009 年第 9 期。

[247] 王阳：《管理者过度自信和乐观情况下的盈余管理约束模型研究》，大连理工大学博士论文，2010 年。

[248] 王毅春、孙林岩：《银企关系、股权特征与会计稳健性——来自中国上市公司的经验研究》，《财政研究》2006 年第 7 期。

[249] 王瑛、官建成、马宁：《我国企业高层管理者：创新策略与企业绩效之间的关系研究》，《管理工程学报》2003 年第 1 期。

[250] 王宇峰、苏逶妍：《会计稳健性与投资效率——来自中国证券市场的经验研究》，《财经理论与实践》2008 年第 29 期。

[251] 魏立群、王智慧：《我国上市公司高管特征与企业绩效的实证研究》，《南开管理评论》2002 年第 4 期。

[252] 温章林：《管理层持股影响会计稳健性的实证研究》，《经济论坛》2010 年第 2 期。

[253] 文芳、胡玉明：《中国上市公司高管个人特征与 R&D 投资》，《管理评论》2008 年第 11 期。

[254] 吴娅玲、刘斌：《国外会计稳健实证研究的最新发展与启示》，《管理世界》2009 年第 6 期。

[255] 肖成民、吕长江：《利润操作行为影响会计稳健性吗？——基于季度盈余不同汇总方法的经验证据》，《会计研究》2010 年第 9 期。

[256] 徐经长、王胜海：《核心高管特征与公司成长性关系研究——基于中国沪深两市上市公司数据的经验研究》，《经济理论与经济管理》2010 年第 6 期。

[257] 徐莉萍、辛宇、陈工孟：《控股股东的性质与公司经营绩效》，《世

界经济》2006 年第 10 期。

[258] 徐全华：《会计稳健性与公司投资决策研究——来自中国 A 股上市公司的经验证据》，暨南大学博士论文，2011 年。

[259] 徐全华：《试论会计稳健性与信息披露的相互影响》，《学术论坛》2010 年第 3 期。

[260] 徐焱军：《中国上市公司盈余管理季度分布特征研究》，暨南大学博士论文，2010 年。

[261] 亚当·斯密：《国民财富的性质和原因的研究》，商务印书馆 1979 年版。

[262] 杨丹、王宁、叶建明：《会计稳健性与上市公司投资行为——基于资产减值角度的实证分析》，《会计研究》2011 年第 3 期。

[263] 杨浩：《民营企业性质界定及产权分析》，《上海经济研究》2001 年第 3 期。

[264] 杨华军：《会计稳健性研究述评》，《会计研究》2007 年第 1 期。

[265] 杨瑞龙：《企业理论：现代观点》，中国人民大学出版社 2005 年版。

[266] 姚振华、孙海法：《高管团队组成特征与行为整合关系研究》，《南开管理评论》2010 年第 1 期。

[267] 易行健、杨碧云、聂子龙：《多元化经营战略、核心竞争力框架与股权结构》，《南开管理评论》2003 年第 2 期。

[268] 于东智、池国华：《董事会规模、稳定性与公司绩效：理论与经验研究》，《经济研究》2004 年第 4 期。

[269] 詹雷、胡鑫红：《会计谨慎性的经济需求、监管制度与制度环境》，《中南财经政法大学学报》2010 年第 1 期。

[270] 张宏亮：《会计稳健性的形成机制及其经济后果：基于契约视角的一项理论分析》，《贵州大学学报》（社会科学版）2009 年第 3 期。

[271] 张建军、李宏伟：《私营企业家的企业家背景、多元化战略与企业业绩》，《南开管理评论》2007 年第 10 期。

[272] 张龙、刘洪：《高管团队中垂直对人口特征差异对高管离职的影响》，《南开管理评论》2009 年第 4 期。

[273] 张荣武、伍中信：《产权保护、公允价值与会计稳健性》，《会计研究》2010 年第 1 期。

[274] 张瑞稳、马辉、邱少辉：《管理层特征与公司绩效关系的统计分析》，《企业管理》2007 年第 8 期。

[275] 张维迎：《产权、激励与公司治理》，经济科学出版社 2005 年版。

[276] 张维迎：《企业理论与中国企业改革》，北京大学出版社 1999 年版。

[277] 张兆国、何威风、闫柄乾：《资本结构与代理成本——来自中国国有控股上市公司和民营上市公司的经验证据》，《南开管理评论》2008 年第 1 期。

[278] 张兆国、刘永丽、李庚秦：《会计稳健性计量方法的比较与选择》，《会计研究》2012 年第 2 期。

[279] 张兆国、刘永丽、谈多娇：《管理者背景特征与会计稳健性——来自中国上市公司的经验证据》，《会计研究》2011 年第 7 期。

[280] 张宗新、杨飞、袁庆海：《上市公司信息披露质量提升能否改进公司绩效》，《会计研究》2007 年第 10 期。

[281] 赵春光：《中国会计改革与谨慎性的提高》，《世界经济》2004 年第 4 期。

[282] 赵德武、曾力、谭莉川：《独立董事监督力与盈余稳健性——基于中国上市公司的实证研究》，《会计研究》2008 年第 9 期。

[283] 赵睿：《高管薪酬和团队特征对企业绩效的影响机制研究》，《中国社会科学院研究生院学报》2010 年第 6 期。

[284] 赵颖、韩立岩、胡伟洁：《治理机制、特殊治理水平与财务报告的稳健性》，《会计研究》2007 年第 11 期。

[285] 赵峥、井润田：《建立高层管理团队的时机分析》，《管理评论》2005 年第 2 期。

[286] 周繁、张馨艺：《公允价值与稳健性：理论探讨与经验证据》，《会计研究》2009 年第 7 期。

[287] 周晓苏、杨忠海：《控股股东行为、特征与财务报告稳健性》，《审计与经济研究》2010 年第 5 期。

[288] 朱茶芬、李志文：《国家控股对会计稳健性的影响研究》，《会计研究》2008 年第 5 期。

[289] 朱茶芬：《会计管制与盈余质量关系的实证研究》，《财贸经济》2006 年第 5 期。

[290] 朱凯、陈信元：《银企关系与会计稳健性：中国资本市场的经验证据》，《中大管理研究》2006 年第 1 期。

[291] 朱凯：《银企关系与会计稳健性：中国资本市场的经验证据》，上海财经大学会计学院工作论文，2005 年。

[292] 朱松、夏冬林：《制度环境、经济发展水平与会计稳健性》，《审计与经济研究》2009 年第 11 期。

[293] 祝继高：《会计稳健性与债权人利益保护——基于银行与上市公司关于贷款的法律诉讼的研究》，《会计研究》2011 年第 5 期。

致　谢

本书的出版，是在我博士论文的基础上整理修订而成。

感谢财政部原企业司司长刘玉廷老师和华中科技大学管理学院教授张兆国老师。两位导师基于对中国会计事业的热爱，在各自的工作领域都取得了非凡成绩，为我的为人处世树立了良好榜样。师恩我会一直铭记在心，激励自己更加勤勉和努力。

感谢郑州航空工业管理学院会计学院王秀芬院长及其他领导对本书的大力支持。

感谢中国社会科学出版社经济与管理出版中心副编审王曦老师及其他编辑老师对本书的支持，你们认真细致的工作态度和准确专业的修改意见令我受益匪浅。

感谢北京和武汉的同门师兄弟姐妹。与大家的讨论和交流给了我很多启发，我会珍惜和大家来之不易的缘分。

感谢我的父母亲、爱人和儿子，你们是我能奋斗至今的源泉。

感谢一路上一直默默支持和帮助我的朋友们！

学术研究之路漫漫，我将上下而求索之。

刘永丽

2015 年 1 月 10 日于郑州